黑河市爱辉区革命老区发展史

黑河市爱辉区老区建设促进会　编

黑龙江教育出版社

图书在版编目（CIP）数据

黑河市爱辉区革命老区发展史 / 黑河市爱辉区老区建设促进会编. -- 哈尔滨 : 黑龙江教育出版社，2021.5
ISBN 978-7-5709-2208-6

Ⅰ. ①黑… Ⅱ. ①黑… Ⅲ. ①区(城市)—地方史—黑河 Ⅳ. ①K293.54

中国版本图书馆CIP数据核字(2021)第078443号

顾　　问　于万岭
丛书主编　杜吉明
副 主 编　白亚光　张利国　李树明　李　勃

黑河市爱辉区革命老区发展史
Heiheshi Aihuiqu Geming Laoqu Fazhanshi
黑河市爱辉区老区建设促进会　编

责任编辑　李中苏　高　璐
封面设计　朱建明
责任校对　杨　彬
出版发行　黑龙江教育出版社
地　　址　哈尔滨市道里区群力第六大道1305号
印　　刷　哈尔滨博奇印刷有限公司
开　　本　787毫米×1092毫米　1/16
印　　张　16.5
字　　数　200千
版　　次　2021年5月第1版
印　　次　2021年5月第1次印刷

书　　号　ISBN 978-7-5709-2208-6　　**定　　价**　38.00元

黑龙江教育出版社网址：www.hljep.com.cn
如需订购图书，请与我社发行中心联系。联系电话：0451-82533097　82534665
如有印装质量问题，影响阅读，请与我公司联系调换。联系电话：0451-51789011
如发现盗版图书，请向我社举报。举报电话：0451-82533087

《黑河市爱辉区革命老区发展史》编著委员会

主　任 张建国　区委书记

副主任 周　强　区委副书记、区政府区长

张大力　区委副书记

关永宏　区委常委、区政府副区长

杜　鑫　区委常委、组织部部长

徐文致　区老区建设促进会会长

于龙健　区老区建设促进会副会长

成　员（按姓氏笔画排列为序）

尹明杰　区档案局局长

孙运才　区地方志办主任

吕桂艳　区委党史研究室主任

沃迎春　区政府办主任

陈国海　区财政局局长

姜明星　区农业局局长

《黑河市爱辉区革命老区发展史》编辑部

主　编　徐文致

副主编　于龙健

编　辑　杨金荣

撰　稿　贾永先　侯承琪　姜　滨　杨金荣

总 序

在举国欢庆新中国成立70周年前夕，中国老区建设促进会王健会长请我为《全国革命老区县发展史》丛书作序，作为一名在老区战斗过并得到老区人民生死相助的老兵，回首往事，心潮澎湃，感慨万千，深感义不容辞，欣然应允。

中国革命老区，是以毛泽东为代表的中国共产党人在领导人民推翻帝国主义、封建主义和官僚资本主义三座大山，争取民族独立和人民解放伟大斗争中建立的革命根据地，在这片红色的土地上，诞生了无数可歌可泣的革命英雄儿女，为后人树起了一座不朽的丰碑。她是新中国的摇篮，是党和军队的根。

在艰苦卓绝的战争年代，老区人民把自己的命运与中华民族的命运紧紧地联系在一起，与中国共产党和人民军队的命运紧紧地联系在一起，他们生死相依，患难与共。我曾亲历过战争年代，并得到过老区红哥红嫂的救助，切身感受到发生在身边的一幕幕撼天动地的革命故事，在那极其艰难的条件下，老区人民倾其所有、破家支前，不怕艰难困苦，不怕流血牺牲。“最后一碗米送去做军粮，最后一尺布送去做军装，最后一件老棉袄盖在担架上，最后一个亲骨肉送去上战场”，这是当时伟大的老区人民为建立新中国做出巨大牺牲的真实写照，它将永远镌刻在中国共产党、中国人民解放军、中华人民共和国的历史丰碑上。他们的光辉业绩永载史册，他们的革命精神必将影响一代又一代的革命新人，造就一代又一代的民族脊梁。

在社会主义革命和建设时期，革命老区和老区人民响应党的号召，面对落后的面貌、脆弱的经济、恶劣的生态环境，他们本色不变，精神不丢，自力更生，艰苦奋斗，干一行爱一行。始终坚持“革命理想高于天”，自觉做共产主义远大理想的坚定信仰者和忠实实践者，勇于向恶劣的自然环境和贫穷落后宣战，他们在各条战线上为国建功立业，用平凡的双手创造了一个又一个不平凡的奇迹，彰显了老区人的崇高精神和人格力量。

在改革开放的伟大进程中，老区人民解放思想，勇于创新，发奋图强，攻坚克难，老区的经济社会建设取得了辉煌成就。特别是在改变中国的面貌、中华民族的面貌、中国人民的面貌、中国共产党的面貌的伟大实践中发挥了至关重要的作用。老区人民既是改革开放的参与者，也是改革开放的推动者。

艰苦练意志，危难见精神。老区人民在近百年的革命战争、社会主义建设和改革开放的伟大实践中，孕育形成了伟大的老区精神：爱党信党、坚定不移的理想信念；舍生忘死、无私奉献的博大胸怀；不屈不挠、敢于胜利的英雄气概；自强不息、艰苦奋斗的顽强斗志；求真务实、开拓创新的科学态度；鱼水情深、生死相依的光荣传统。这是党和人民宝贵的精神财富、丰厚的政治资源，是凝心聚力、振奋民族精神的重要法宝，也是社会主义核心价值观的重要内容。

中国老区建设促进会怀着强烈的政治责任感和历史使命感，组织全国各地老促会人员克服困难，尽心竭力编纂《全国革命老区县发展史》丛书，记录老区的光辉历史和辉煌成就，传承红色基因，弘扬老区精神，是功在当代，利及千秋的一件大事。手捧这部丛书的部分书稿，读着书中的故事，倍感亲切，深感这部丛书具有资政、育人、存史的社会功能，有着重要的时代和历史价值。它是不忘初心、牢记使命的源头活水，是赞颂共产党、讴歌老区人民的一部精品力作，是弘扬老区精神、传承红色记忆的丰厚载体，是一项继承优秀传统文化、弘扬革命文化、发展社会主义先进文化，坚定“四个自信”的宏大文化工程。它必将成为一种文化品牌，为各界人士了解老区宣传老区支持老区提供一部有价值的研究史料。希望读者朋友们能从中了解并牢记这些为党和民族的利益不断奉献的老区人民，从中得到教益，汲取人生奋斗的精神动力。

新时代赋予新使命，新起点开启新征程。让我们更加紧密地团结在以习近平同志为核心的党中央周围，坚持以习近平新时代中国特色社会主义思想为指导，增强“四个意识”，坚定“四个自信”，做到“两个维护”，弘扬老区精神，铭记苦难辉煌。为实现“两个一百年”奋斗目标，实现中华民族伟大复兴的中国梦做出新的更大的贡献！

2019 年4 月11 日

编写说明

2017年6月，中国老区建设促进会组织全国各地老促会启动编纂《全国革命老区县发展史》丛书，按照“建立中国共产党、成立中华人民共和国、推进改革开放和中国特色社会主义事业”三大里程碑的历史脉络，系统书写革命老区百年历史，深入挖掘革命老区红色文化资源，这对于充实丰富中国革命史籍宝库、在新时代传承红色基因、弘扬革命精神、强固根本，对于激励人们在新的历史条件下夺取中国特色社会主义伟大胜利，实现中华民族伟大复兴的中国梦具有重要意义。

丛书编纂以习近平新时代中国特色社会主义思想为指导，以《中国共产党历史》《中国共产党的九十年》等重要文献为基本依据，以党的领导为核心，以老区人民为主体，以老区发展为主线，体现历史进程特征，突出时代发展特色，坚持辩证唯物主义和历史唯物主义相统一、历史真实性与内容可读性相统一的原则，书写革命老区从站起来、富起来到强起来的光辉革命史、不懈奋斗史、辉煌成就史，把老区人民的伟大贡献、伟大创造、伟大成就、伟大精神充分展示出来，形成一部具有厚重历史特征和鲜明时代特色的精品力作。这是一部培根铸魂、守正创新，既为历史立言，又为时代服务，字里行间流淌着红色血脉、催生着革命激情的传世之作。丛书的编纂出版将成为讴歌党讴歌人民讴歌时代、传播红色文化、为革命老区和老区人民树碑立传的重要载体。丛书按照编年体与纪事本末体相结合、以编年体为主的编写体例确定框架结构；运用时经事纬、点面结合的方式记述史实；坚持人事结合、以事带人的原则处理人与事的关系；采取夹叙夹议、叙论结合以叙为主的方法展开内容。做到史料与史论、历史与现实、政治与学术统一，文献性、学术性、知识性相兼容。

为编纂好《全国革命老区县发展史》丛书，打造红色文化品牌，中国老区建设促进会认真组织积极协调，提出政治立场鲜明、史料真实准确、思想论述深刻、历史维度厚重、时代特色突出、编写体例规范、篇目布局合理、审读把关严格、出版制作精良的编纂出版总要求，力求达到革命史籍精品的精神高度、思想深度、知识广度、语言力度，增强丛书的权威性和社会影响力。各省（区、市）、市（州、盟）、县（市、区、旗）老促会的同志，以强烈的使命感、责任感和紧迫感，勇于担当，积极作为，认真实施，组织由老促会成员、专家学者等参加的十余万人编纂队伍。编纂工作主体责任在县，省、市组织协调、有力指导、审读把关。各方面人员以高度负责的精神和科学严谨的态度，满腔热情地投入工作，为丛书编纂出版做出了重要贡献。丛书编纂工作还得到了党和国家有关部委、地方各级党委政府及有关部门的大力支持和积极参与，社会各界也给予了热情帮助。中共中央政治局原委员、中央军委原副主席、原国务委员兼国防部长迟浩田上将，对老区人民怀有深厚感情，对革命老区建设发展十分关注，欣然为《全国革命老区县发展史》丛书作总序。

丛书由总册和1 599 部分册（每个革命老区县编纂1部分册）组成，共1 600 册。鉴于丛书所记述的史实内容多、时间跨度长和编纂时间紧，不妥之处，敬请批评指正。

中国老区建设促进会

目 录

序 言

在中华人民共和国建国70周年之际，《黑河市爱辉区革命老区发展史》一书，付梓问世。本书是依照中国老区建设促进会的统一安排编纂的。该书翔实地记载了在爱辉这片土地上，自抗日战争爆发以来，在中国共产党领导下创建革命根据地、建立人民民主政权及其发展的历程。它的出版具有重大现实意义和深远的历史意义。

习近平总书记曾指出“历史是最好的教科书”。无论是在烽火硝烟的战争年代，还是在新中国的建设时期，老区人民在中国共产党的正确领导下，都付出了巨大牺牲，做出了积极的贡献。1931年，日本帝国主义悍然发动“九一八”事变，侵略中国、侵占瑷珲，东北抗日联军三路军三支队在非常艰难困苦的环境中，在瑷珲一带进行抗日活动，先后有姚艮、于文志、张光迪、陈雷等来到瑷珲前赴后继进行抗日活动，与日军进行多场战斗，对东北地区的抗日斗争做出了重要贡献，在中国的革命史上有着不可磨灭的功绩。在党的领导下，于1945年成立了黑河第一个人民民主政权。《黑河市爱辉区革命老区发展史》客观、全面、系统地呈现出在这一历史时期，比较完整地记载了老区人民在不同的历史时期，在党的领导下，为实现民族独立、民族解放和人民幸福而不懈奋斗，并取得了革命和建设事业伟大业绩的辉煌历程。

本书史料较为翔实，内容丰富。开卷以第一编为引领，概述了区域概况、历史沿革、行政区划、资源状况、历史进程，讲述了影响瑷珲地区革命和发展进程的重大历史事件。按照时间顺序叙述了瑷珲地区在抗日战争、解放战争、新中国成立以后向社会主义过渡等时期以及党的“十八大”以来在以习近平总书记为核心的党中央领导下，发扬自力更生、艰苦奋斗光荣传统，脱贫攻坚、改变落后面貌过程中发生的巨大变化。在编纂过程中，始终遵循着“存真求实”的原则，注重文史资料的客观真实性，并收入了部分珍贵的历史照片，令读者感觉真切直观。

改革开放以来，发展经济和改善人民群众的生活是共产党人的神圣职责。当前，爱辉区正处在社会主义现代化建设的经济转型和加快发展的关键时期，更需要我们发扬革命老区光荣传统，努力改善革命老区面貌。回顾历史、铭记历史、铭记老区。老区辉煌的历史，永远激励我们不忘初心，砥砺前行，为促进全区经济社会加快发展、构建和谐幸福爱辉、全面建成小康社会而努力奋斗。

中共黑河市爱辉区委书记：张凌国

2019年8月1日

第一编★区域概况

第一章 沿革

爱辉的起源。“爱辉”作为地名，有“艾浒”“艾虎”“艾呼”“爱呼”“艾浑”“瑷珲”“爱辉”等多种写法，出现的顺序为艾浑、爱浑、爱珲、瑷珲。现在所称“爱辉”，是生僻字简化，根据国务院文件，1956年由“瑷珲”改成的。关于“爱辉”的含义，历史上的解释大体上有三种：一是蒙语“可畏的武士”的意译；二是满语“母貂”之意；第三种解释为“美玉”。

爱辉区人文历史悠久，据俄罗斯境内布拉戈维申斯克（海兰泡）附近的乌其诺卡村考古发现证明，早在一万年前的旧石器时代晚期，就有人类在这里活动，他们是形成本地古代土著原始民族的基础。唐朝以前有哪个民族在爱辉区境内活动目前尚无定论，一说是肃慎族系，另说是东胡族系。据唐朝时期史料记载，应为室韦居地，中原王朝为了管辖这里，在黑龙江西部设置了室韦都督府，实行有效统治。辽代时期，归西北路招讨司管辖。金朝时期，在黑龙江地区设置了蒲与路，管辖包括这里至外兴安岭的大片土地。元朝时期，最早属于乃颜封地；为加强内地与边疆的联系，设立了许多的“站赤”，其中位于今“江东六十四屯”区域的失宝赤万户府，即通往黑龙江中游的终点站，爱辉区域属辽阳行省开元路管辖。明朝时期，为了管辖黑龙江流域和乌苏里江流域，在亨滚河口的特林设立了奴尔干都指挥使司，在东北地区设立了许多“卫”“所”和“地面”，今富拉尔基、坤河即当时的“卫”“所”，黑龙江“地面”包括爱辉区全境。

清朝时期，瑷珲一带居住着我国达斡尔、鄂伦春、鄂温克等民族，今小黑河屯附近和瑷珲镇驻地，即当时的达斡尔人屯寨“科科列依”和“托尔家屯”。居住在黑龙江北多科屯的达斡尔族首领巴尔达奇曾多次率众向清朝政府朝贡，表示臣服，并娶了清皇族公主，成为“额驸”。清顺治三年，也就是1646年，瑷珲区域由盛京总管、盛京昂班章京管辖。1662年划归宁古塔将军管辖。

17世纪中叶，以波雅科夫、哈巴罗夫为首的沙俄哥萨克匪帮开始入侵我国黑龙江流域，他们窃据城寨、杀人越货、掳掠人质、无恶不作。为反抗沙俄的入侵，黑龙江沿岸各族人民开展了英勇的斗争。居住在现瑷珲镇的托尔家屯达斡尔人在酋长托尔家带领下，同入侵家园的哥萨克匪帮进行了徒手搏斗，被俘时，酋长托尔加不甘凌辱，拔刀自刎，以示对侵略者的反抗。为抗击沙俄的武装入侵，1683年（康熙二十二年），清政府在江左岸旧瑷珲设置黑龙江将军治所。1685年（康熙二十四年），黑龙江将军治所迁至江右岸瑷珲（今瑷珲镇）。并于1685年、1687年两次组织了雅克萨自卫反击战，把沙俄侵略者赶出了黑龙江右岸。在雅克萨反击战的准备与进行过程中，瑷珲各族人民对这场正义战争给予了很大支援，充分显示了新、旧瑷珲城人民在抗俄斗争中的重要作用。雅克萨自卫反击战不仅把沙俄侵略者赶出了黑龙江沿岸，中俄签订了《尼布楚条约》，确定了中俄两国东段边界，而且对瑷珲区域的经济发展起到了积极的促进作用。清军开始在这里屯田，设立了卡伦，开辟了驿站，兴建了新、旧瑷珲城。随着农业生产的发展，商品交换也随之发展起来，瑷珲城内商户集聚，不仅是黑龙江沿岸的政治中心，也成为黑龙江沿岸的经济中心。瑷珲成为黑龙江流域最大的城镇，达到“人口四万，商贾三千”的规模，有“万国商埠”之称。正如“先有潭柘寺，后有北京城”一样，瑷珲历史是“先有瑷珲，后有黑河”。第一次雅克萨战争后，黑龙江将军衙门由江东旧瑷珲迁至江西新瑷珲，1690年又由新瑷珲迁至墨尔根(嫩江)，1699年再迁于齐齐哈尔。此外，加之清朝政府对东北实行封禁政策，屯田区域只是限制在新、旧瑷珲城附近，在漫长的边防线上基本上是有边无防，这就为沙俄的再次武装入侵提供了可乘之机。19世纪中叶，在帝国主义列强瓜分中国的浪潮中，在沙俄东西伯利亚总督穆拉维约夫指挥下，大批沙俄哥萨克再次武装入侵黑龙江流域，他们在黑龙江左岸非法移民，强建村屯。在武装占领基本完成之后，又以武力逼迫清朝政府于瑷珲城签订了不平等的中俄《瑷珲条约》，使我国丧失了黑龙江以北60多万平方公里的土地。按着《瑷珲条约》的规定，“江东六十四屯”区域仍属我国管辖，原住满洲人照旧准其长期居住。但是，沙俄政府却无视《瑷珲条约》明文规定，不断向我“江东六十四屯”地区非法移民，强占土地，甚至明目张胆地架设电线，建立俄屯，以致杀人、劫货。对于沙俄这种蚕食、侵占“江东六十四屯”和迫害我国和平居民的行径，“江东六十四屯”居民自发地组织起来与沙俄进行了不屈不挠的斗争。1883年，为防止俄人侵占，漠河金矿督办李金镛会同瑷珲副都统成庆曾划过“江东六十四屯”东部界线。但是，鸦片战争后的中国，由于清朝政府经济贫穷，军事落后，政治腐朽，这种斗争不可能取得最后胜利。《瑷珲条约》签订之后，沙俄出于长期霸占我国领土的需要，急需于瑷珲地区进行贸易，由此黑河与海兰泡间的中俄边境贸易开始兴起。边境贸易的开展促进了瑷珲地区经济的进一步发展。

1900年前，“江东六十四屯”地区就开始使用从海兰泡进口的诸如马拉收割机等大型农具，并出现了制酒、制砖、铁木加工等家庭手工业。19世纪80年代，沙俄对黑龙江上游漠河金矿施以盗采。在驱逐沙俄金匪之后，正逢洋务运动中，漠河金矿得以开办。黑龙江沿岸采金业的兴起，使瑷珲境内的黑河城不仅是对俄贸易的口岸，还成为采金工人的集散地和漠河金矿的物资中转站。黑龙江沿岸的经济中心逐渐由瑷珲转向黑河城。1900年，中国爆发了义和团运动，帝俄除伙同其他帝国主义国家组成八国联军，发动侵华战争，镇压京津一带的义和团运动以外，又以保护正在修建的中东铁路为名，派遣大批军队入侵我国东北。他们先是制造了震惊世界的“海兰泡惨案”和“江东六十四屯惨案”，大批屠杀中国和平居民，把他们驱赶到黑龙江中活活淹死；继之又侵占黑河，火烧了瑷珲，进而入侵东北腹地。瑷珲人民为反抗帝俄的侵略与义和团和爱国清军紧密配合，与侵略军展开了浴血奋战。他们组织了布尔多、黑河、四嘉子、卡伦山、瑷珲、北二龙等多次战斗。有的群众宁可在烈火中烧死，也不肯抛下自己的家园；有的清军宁愿把火药桶点着与敌人同归于尽，也不肯投降。在这场劫难之中，以瑷珲副都统凤翔为首的两百余名爱国官兵在战斗中壮烈殉国。“庚子俄难”之后，在副都统姚福升带领下，瑷珲人民开始了收复失地的斗争。几经交涉，直至1907年帝俄侵略军才最终退出黑龙江右岸，但是却霸占了“江东六十四屯”地区。逃离外地的瑷珲人民返回故土后，在一片废墟上重建家园。瑷珲城内的副都统衙门于当年动工，当年竣工，其余房舍也陆续建成。黑河城在谢泰君倡导下，招商开市，“未及三载，该镇商贾辐辏，近已增至数百家”。自1908年起，瑷珲区域还实行了“清丈”与“招垦”，同时裁撤了官屯，改革了驿站，官屯地、驿站地一律改为民田。1909年（宣统元年），清政府裁撤瑷珲副都统，改设瑷珲兵备道。同年，在瑷珲设置瑷珲直隶厅，在黑河设置黑河府。瑷珲直隶厅与黑河府隶属于瑷珲兵备道。瑷珲直隶厅为瑷珲县前身。1909年为防止俄商在免税区外偷税、漏税，在瑷珲设立了海关，在黑河设立了分关。

辛亥革命后，1912年6月，北洋政府撤销瑷珲兵备道，7月成立黑河道，迁道署于黑河城。同年7月，又撤销黑河府并入瑷珲直隶厅，此时的瑷珲直隶厅隶属于黑河道。1913年黑河道改称为黑河观察使，同年3月瑷珲直隶厅改称为瑷珲县公署，始建瑷珲县，县内旗地被废除。同时沿袭清末的政策继续“清丈”“招垦”。“清丈”，在全省反“清丈”风潮中，县内仅丈数屯，不久停止。1914年黑河观察使又改称为黑河道。“招垦”小有成效，1916年统计招进垦户108户。民国初年俄精奇里江沿岸采金业兴起，在俄华工近十万人，所需粮食、日用品数量剧增，而俄岸此时货物奇缺，由此引起我岸对俄贸易的兴盛，并尤以1918年至1920年为鼎盛时期。1918年瑷珲海关进出口贸易货价达关平银768万两。在出口商品中以面粉、酒类为大宗。边境贸易的发展带来了县内民族工业和地方经济的发展。1913年至1921年瑷珲、黑河两城相继办起了瑷珲永济火磨有限公司、万丰益火磨、德昌火磨、黑河振边酒厂、黑河恒曜电灯公司等几个大型工厂，并开通了黑河至齐齐哈尔、黑河至瑷珲城的汽车运输和黑河至哈尔滨的轮船运输。俄国十月革命爆发，俄精奇里江沿岸金矿纷纷停业，在俄华工陆续返回我岸。他们在瑷珲区域内开始采苗、探矿，由此又带来县内采金工业的兴起。1919年至1932年县内先后办起了逢源、凌源、振兴、源利、宏业、古溪、裕边、兴安、大吉等三十余个金厂，年产量最高时有4万余两。俄国十月革命后，苏岸经济逐渐好转，进口商品越来越少，特别是因1929年“中东路事件”影响，中苏关系紧张，我岸居民纷纷逃离边境，中苏边境贸易由兴转衰，县内的制粉、制酒等工业也逐渐走向萧条。1929年2月，黑河道又改为黑河市政筹备处，同时瑷珲县公署又改称为瑷珲县政府，此时瑷珲县公署、瑷珲县政府隶属于黑河观察使、黑河道和黑河市政筹备处。1931年“九一八”事变后，日军很快占领了东北三省。1931年11月，代理黑龙江省主席的马占山在组织了江桥抗战之后，于1932年4月7日，带领随从200余人离开齐齐哈尔辗转来到黑河，5月15日，他又率师从黑河出发反满抗日。

伪满洲国时期，1933年春，日伪军队进驻瑷珲，在瑷珲成立了伪瑷珲县公署。5月，伪满政府撤销原黑河市政筹备处，成立“黑龙江省驻黑河办事处”。9月1日，伪瑷珲县公署由瑷珲迁往黑河，黑龙江省驻黑河办事处撤销，其所辖事项移归瑷珲县公署接管。由于瑷珲县地处边境，与社会主义的苏联仅一江之隔，加之县内的大黑河又是伪瑷珲县公署、伪黑河省公署的所在地，因此日伪在县内屯驻了大量的日本关东军和伪满洲国军队，同时投放了大量的人力、物力，修建了旨在对付苏联的各种军事工程；建立了特务机关、宪兵队、警察厅（署）等许多警察特务机构，镇压人民的反满抗日活动和对苏从事谍报活动。日本帝国主义对县内经济实行殖民掠夺政策。在农业上，一方面以军事用地、开拓用地为由大量占用农田，另一方面不顾农民死活强行“粮谷出荷”。1931年县内耕地为5.4万余垧，到1937年减至3.2万余垧。1942年，县内粮谷出荷量为444万余斤，1943年为519万余斤，仅仅完成了规定的72%。在工业上，日本帝国主义主要是加强了对县内黄金、木材资源的掠夺。1934年在黑河设立了“满洲采金会社黑河总局”，将民国时期县内金矿强行划归其所有。同年10月，伪满民政部在黑河设立了“黑河省公署开设办事处”，11月又改为“黑河省公署筹备委员会”。同年12月1日，伪黑河省公署于黑河正式成立。伪瑷珲县公署隶属于伪黑河省公署。1935年境内的逢源、德源、凌源、裕边、古溪、阿凌河、德安七个金厂年产量有7万余两。为了掠夺县内的木材，在黑河设立了伪黑河营林署及林产会社，通过东蒙、大北、亲和、盘古河四大采木公司，对大、小兴安岭木材进行掠夺式采伐，并通过县内东、西牡丹江两大木材加工厂加工后利用北黑铁路运往内地及日本国内。商业，也是殖民地商业，一方面日本工业品充斥市场，另一方面对人民生活必需品实行“配给”。

抗日战争时期，为了反抗日本帝国主义的侵略和统治，瑷珲人民有的参加了东北抗日联军，有的组织起来开展反满抗日地下斗争。1939年3月下旬，东北抗联第三路军一支队在县内上马厂附近，在当地群众配合下与日军进行了一次交锋后撤入苏境。1940年夏，抗联第三路军三支队在采金工人支援下攻克了罕达汽金矿，缴获了大量军用物资。1941年1月，第三支队80余名战士，转战于德都、孙吴之后，从县内小五家子屯处撤入苏境。1945年8月，苏联红军出兵东北，解放了瑷珲。抗日战争胜利后，为了建立巩固的东北根据地，开辟黑河、瑷珲战略据点，1945年11月初，中共黑龙江省工作委员会（驻北安）和黑龙江省人民政府，派遣以王肃为首的干部队进驻黑河，不久，又派岳林等7人干部队进驻黑河。在两批干部来到黑河后，根据黑龙江省政府的命令，1945年11月19日，成立了黑河地区第一个人民民主政权——黑龙江省黑河地区行政办事处，接管了黑河临时治安维持会，其管辖区域为孙吴、逊克、乌云、佛山、呼玛、鸥蒲、漠河、瑷珲八县。省政府委任胡宇翔为办事处主任。12月中旬，第三批干部队来到黑河，又委任李泠斋为副主任。行政办事处成立第二天，办事处主任胡宇翔委任孙宝基为瑷珲县县长，县政府归行政办事处领导。12月中旬，孙宝基辞职。办事处又委任第三批来黑河的干部肖敬若为瑷珲县县长。他们依靠群众，发动组织群众，很快建立了中国共产党地方组织、人民自治军和地方人民政府。继之，与洪学智、王钧等人率领的西满军区三师特一团和黑龙江省警备二旅、三旅一起开展了剿匪斗争。三年多的时间，在物质条件极端困苦的情况下，他们前赴后继，英勇奋斗，付出了巨大的牺牲。在战斗中牺牲了团级以上干部10人、营连干部15人、战士400多名，最后终于消灭了国民党土匪，使红旗插遍了祖国北部边疆。在开展剿匪斗争的同时，人民政府还带领全县人民恢复生产。1946年2月，根据苏联红军要求，将黑河地区行政办事处与瑷珲县政府合并改为黑河治安维持会。1946年3月，黑龙江省政府派王玉特派员来黑河，经过民主选举，重新组建了瑷珲县政府，肖敬若当选为县长。4月1日又恢复了黑河地区行政办事处。1946年7月24日，根据黑龙江省政府的命令，瑷珲县政府归并于黑河地区行政办事处，施行行政办事处兼瑷珲县政府工作。同年9月16日，又根据省政府命令，撤销黑河行政办事处，成立了黑河行政区督察专员公署（仍兼瑷珲县政府工作）。

1948年10月31日，根据省政府通令，黑河行政区督察专员公署不再兼瑷珲县政府工作，任命贾封五为瑷珲县县长，筹建瑷珲县政府。瑷珲县政府经过两个月筹建，1949年1月1日开始正式办公。

1949年10月1日新中国成立后，瑷珲建制经历了数次变革。1954年2月，第一次全县人民代表大会之后，瑷珲县政府改称为瑷珲县人民委员会。1956年12月，国务院批准，将瑷珲县改为爱辉县。1967年4月，成立了爱辉县革命委员会。1980年11月，第八届人民代表大会召开后，撤销了县革命委员会，建立了爱辉县人民政府。1980年底，按照国发〔1980〕284号文件，黑河镇、幸福公社、西岗子煤矿、东方红煤矿从爱辉县分出，建立黑河市。1983年6月，按照国函〔1983〕81号文件，爱辉县并入黑河市。1992年3月，黑河市被国务院批准为国家首批沿边开放城市。1993年3月，按照国函〔1993〕12号文件，原黑河地区行署改建制为黑河市，原黑河市改建制为爱辉区，成为黑河市的唯一行政区，原行政区划不变，史称“两撤两建”。

第二章　行政区划

爱辉区辖区面积14 446平方公里，是全国面积最大的市辖区。辖3镇、8乡(其中3个少数民族乡)、4个街道办事处和16个国有农林牧场，总人口19.7万人，有满族、达斡尔族、鄂伦春族等25个少数民族，爱辉区是国家级生态功能区和大小兴安岭生态功能区限制开发区；清始祖发祥地之一；首任黑龙江将军衙门驻地；达斡尔族南迁过江地；瑷珲—腾冲人口地理分界线北起点。

爱辉区地处东北亚区域中心地带，是我国面向东北亚开放的重要门户，全国首批沿边开放城市。处于对俄开放前沿，地理位置优越，是黑龙江省北部的交通枢纽，铁路、公路、空运、水运纵横交错、十分便捷，已形成了四通八达的立体交通网络。

第一节　乡镇

一、瑷珲镇

瑷珲镇位于黑河城区东南部、黑龙江西岸，是革命老区乡镇。地理位置东经126° 5′，北纬49° 30′，距市区32公里。辖区内地势西高东低坡度平缓，最高点与最低点高差不到10米，台地至江面的高差约5米，平均海拔高度为125米左右。土壤为草炭型黑土及沙砾土，土壤肥力较高，植被为松阔混交人工林，属典型的沿江平原乡镇。辖区行政面积211平方公里，辖16个行政村。到2017年人口10 975人，3 072户，其中，农业人口8 025人，户数2 218户。拥有耕地17.3万亩，林地4.1万亩，草原2万亩，水面1万亩。吉黑高速、G311国道贯穿全镇，交通便利。瑷珲镇所在的黑河盆地腹地，地势平坦，土壤肥沃，河流纵横，气候湿润，雨量充沛，素有“粮仓”之称。其间泉水发育的小片沼泽和丘陵，既是飞禽走兽活跃的天地，又是人们渔猎、畜牧的良好场所。

二、西岗子镇

西岗子镇位于黑河城区西南45公里处，是黑大公路、黑嫩公路的交汇点，北黑铁路三级站所在地，202国道支线直通。全镇总面积1 324平方公里，辖10个行政村。到2017年总人口15 000人，3 640户，其中农业人口5 300人。西岗子镇资源丰富，有煤炭、水资源、石材、森林、草原、野生动植物等资源。其中建有煤矿3座，水库3座。现有耕地102 140亩，林地42.7万亩，森林覆盖率22%，草原面积6.4万亩，水面1.7万亩，其中水面面积860亩。有公别拉河、阿陵河、石匠河三条河从镇内流经。

三、罕达汽镇

罕达汽镇（罕达汽系鄂伦春语，意为跑马沟）位于黑河城区西部125公里。辖区面积5 003平方公里，是全市行政面积最大的镇。下辖9个行政村、3个社区（河西、木耳汽、五道沟）、2个国有林场（七二七、大平）、1个机械化防火站（望峰）。到2017年总人口2万人，其中流动人口1.2万人。全镇平均海拔500米，属第六积温带，无霜期为85～95天，有效积温

1 800℃ ~ 1 900℃，是典型的山区乡镇。全镇矿产资源富集，发现煤炭、黄金、石墨、钼等矿藏17种，以煤炭、岩金储量最丰富。探明煤炭储量3.5亿吨，岩金储量15吨以上，是爱辉区西部煤田所在地。辖区内现有市属煤矿5家、区属煤矿12家。罕达汽镇水能资源丰富，是公别拉河和法别拉河发源地，适合建设中小型水电站。风能蕴藏量巨大，可开发风电能源在30万千瓦以上。农业发展空间广阔，现有耕地面积25.4万亩，农村人均耕地50.5亩，林地面积525万亩，草原面积112.5万亩，水域面积7.5万亩。

四、幸福乡

幸福乡位于黑河城区东部，环绕黑河市区周围，东临黑龙江，北与上马厂乡接壤，南部与西部是四嘉子乡和锦河农场，总面积179.24平方公里。下辖10个行政村、两个主要流动人口聚集点（红旗桥、奶牛场），其中幸福、之路、新生活三个村为城乡混居村。到2017年总户数5 166户，总人口16 962人。全年有效积温2 100℃左右，年降水500毫米左右，无霜期125天左右，适宜大豆、小麦等多种农作物的生长，农业发展空间广阔。现有耕地66 000余亩，林地11 400余亩，水面1 400亩。依托地域优势，大力发展外向型农业和特色农业，全乡10个村屯中7个为蔬菜主产村，蔬菜种植户2 000多户，全乡无公害蔬菜种植面积有18 000余亩，打出了自己的绿色品牌。

五、四嘉子满族乡

四嘉子满族乡距黑河城区8公里，位于爱辉区南部。辖区面积225平方公里，下辖6个行政村，到2017年总人口4 647人，农业人口4 423人。属第四积温带，无霜期为110~120天，有效积温

2 100℃ ~ 2 200℃，是典型的沿江平原乡镇。四嘉子满族乡水资源丰富，有三个自然村临江，地处沿江平原和丘陵河谷地带。全乡耕地面积77 175亩，林地面积7 043.7亩，水域面积24 786.7亩，草地面积8 760.9亩。

六、上马厂乡

上马场乡（上马场原为清朝御马基地，后为了与下游逊克县下马场区分，故名为上马场）位于爱辉区西北部黑呼公路25公里处，属半山区，是革命老区乡。辖区面积849平方公里，下辖7个行政村（其中2个少数民族村）、一个国有林场（江防林场），到2017年总人口4 500人，全乡现有耕地面积12.8万亩，山林92万亩，草原20万亩，水面5万亩。属于第五、第六积温带，年积温1 700℃~2 000℃，无霜期95~110天，是典型的半山区环境。

七、张地营子乡

张地营子乡位于黑河城区以北52公里处，北纬50度32分，东经127度18分，是全国先进文化大院（张地营子文化大院）所在地，辖区总面积1 242平方公里，共辖6个行政村。到2017年全乡总人口5 463人，其中农业人口5 177人，主要民族有汉、满、回、达、朝鲜5个民族。全乡有耕地面积12万亩，占全乡总面积的5.96%，草地1.5万亩，占2.44%，林地133万亩，占71.19%，水面和其他38万亩，占20.41%。自然资源极为丰富，盛产黄芪、刺五加、一轮贝母等野生中药和木耳、猴头、蘑菇等林产品。

八、坤河达斡尔族满族乡

坤河达斡尔族满族乡位于中俄界江黑龙江中游，黑河城区南部黑嘉公路44公里处。行政区域总面积87.5平方公里，耕地面积56 230亩，林地面积12 060亩，草原面积6 314亩，水域面积12 182亩。所辖6个行政村，其中坤河、富拉尔基为达斡尔族村，黄旗营子和兰旗为满族村。到2017年全乡总人口2 773人，712户，由汉族、达斡尔族、满族、蒙古族、鄂温克族、鄂伦春族、朝鲜族七个民族构成，少数民族人口占总人口的52.4%。气候属第四积温带，无霜期为110~125天，年平均气温0℃～0.5℃，年降水量500～550毫米，年平均日照时数为2 500小时左右，有效积温2 100℃～2 300℃。

九、新生鄂伦春族乡

新生鄂伦春族乡位于小兴安岭北麓，坐落在美丽的刺尔滨河与索尔其干河的汇合处，距黑河城区76公里，行政区域面积为1 700平方公里，下辖3个行政村。主要由鄂、蒙、达、满、汉五个民族构成，到2017年全乡人口1 074人，其中鄂伦春族166人，占全乡总人口的15.5%。年积温为1 800℃～2 100℃，无霜期85~90天，属第六积温带。平均海拔300～600米。气候属典型的中温带北端寒温带南段大陆性气候，小气候变化甚为明显。新生鄂伦春族乡有耕地面积41 880亩，人均耕地面积29.2亩，以种植芸豆、大豆为主；林地面积155万亩，草地面积131.4万亩，境内有大小河流16条，水域面积3 923亩，流域面积122.4万亩，载畜量极为可观。由于新生鄂伦春族乡独特的人文资源和良好的生态环境，该地区民俗生态旅游的发展潜力巨大。

十、西峰山乡

西峰山乡位于爱辉区西北78公里处，坐落在小兴安岭东麓，地处五、六积温带过渡带，海拔高度为200~300米，属寒温带大陆季风气候，年有效积温1 850℃～2 100℃，无霜期90~110天，年平均降水量500～550毫米，土壤以暗棕壤为主，土壤有机质含量在5%~10%，肥力较高。气候特点是冬季漫长而寒冷，夏季短暂而湿润，光照充足，昼夜温差较大，非常适宜马铃薯和芸豆生长。西峰山乡牧场辽阔，自然资源丰富。到2017年全乡876户，2 786人，有汉族、满族、蒙古族、锡伯族和达斡尔族五个民族。辖区面积680平方公里，耕地10.34万亩，森林面积51万亩，草原面积17万亩，池塘水泡星罗棋布，中小河流17条，森林覆盖率超过50%。辖区有新建村、新西村、新峰村、新山村、哈青村五个行政村及一个桦皮窑国有林场。

十一、二站乡

二站乡位于市区西南部，距城区90公里，距黑大公路202国道30公里，黑嫩公路穿乡而过，是革命老区乡。2001年由原二站乡和原北师河乡合并组建而成。辖区总面积2 507平方公里，下辖11个行政村，辖区内有二站、三站、胜山、大岭四个林场和一个北师河防火站。到2017年全乡人口3 052人，地处于第五、第六过渡积温带，年有效积温1 750℃左右。辖区内矿产丰富，已探明地下蕴藏有大理石、花岗岩、硅酸盐等十余种矿产资源。耕地面积14.9万亩，草原64万亩，林地16.9万亩。

第二节　街道办事处

一、花园街道办事处

花园街道办事处位于黑河市区东部，辖区面积31.4平方公里，北邻黑龙江、西起东兴路、南至火车站、东部与幸福乡接壤，到2017年末辖区居民常住人口82 700人。设金兰、博文、联通、网通、长海、武庙屯、喇嘛台七个社区，是黑河市区面积最大、人口最多、社区最多的街道办事处。

二、兴安街道办事处

兴安街道办事处东邻东兴路，西至迎恩路，南到下二公村，北至黑龙江边。辖区面积6.6平方公里。中央商业步行街横贯东西。爱辉区委、区政府坐落在兴安街。到2017年末辖区居民常住人口33 564人，设金融、邮政、热电三个社区。

三、海兰街道办事处

海兰街道办事处地处老城区，北起王肃街、西到电厂北路、南至殡仪馆、东到迎恩路，辖区面积7.15平方公里。到2017年末辖区居民常住人口21 060人，设温馨、鹿源春两个社区。

四、西兴街道办事处

西兴街道办事处位于市区西部，东起电厂北路和电厂南路、西至三道豁洛、南至新区、北到黑龙江边。辖区面积6.8平方公里。设人保财险、福龙、向阳三个社区，到2017年末辖区居民常住人口21 368人。

第三章　资源状况

第一节　自然资源

爱辉区有良好的自然生态资源。

一、土地资源

土地是地球表面人类赖以生存和活动的场所，是农业生产最基本的生产资料。爱辉大地在漫长的历史年代中，经过地质构造运动的作用和影响，以及世世代代居住在这里的人民对土地资源的不断开发、利用和改造，形成了现阶段土地资源的结构和格局，到2017年有耕地172万亩，人均耕地29.8亩。

爱辉区土质按类型分为暗棕壤、草甸土、沼泽土、黑土、泥炭土、泛滥土、搅动土、石质土八种类型。大部分为暗棕壤和黑土。土地肥沃，连片平坦，适宜种植小麦、大豆、玉米等作物，是国家重要商品粮基地。

二、森林资源

爱辉区境内森林植被分布有明显的临界性质和过渡性质，属长白山植物区系，小兴安岭亚区过渡类型。2010年被纳入小兴安岭生态功能限制开发区，2011年被确定为全国首批生态示范工程建设试点区，2013年晋升为省级生态区。区内物种丰富，森林覆盖率68.32%，是全省最大的地方国有林区，林业经营面积118.3万公顷，占全省1/5、全市1/3，是一个天然氧吧，城区全年空气质量优良天气达到350天以上。大气中飘尘、二氧化硫、氮氧化物的全年平均浓度仅为一类区标准值的3‰、1.53‰和0.33‰，优于一般自然保护区标准。2013年位居“中国十佳空气质量城市”第6位。

三、矿产资源

爱辉区地质结构属于兴安岭–内蒙古地槽皱区，受地质、植被、气候等条件影响，本地矿产资源具有三大特点。一是资源相对丰富，地质储量比较充足。据勘测，拥有矿藏68种，以煤炭、黄金储量最为丰富，煤炭探明储量近10亿吨，工业硅储量5万吨，相对富集的矿产资源，为发展化工、冶金、建材等工业奠定了物质基础。二是区域分布较为集中，利于形成产业规模。主要丰富矿种集中表现为：罕达汽村燎原屯（原金水）至木耳汽和西岗子两大煤田；罕达汽镇南大河村清水屯（原七分场)、神仙沟和上马厂乡三道湾子村岩金矿带；法别拉河上游南岸大青、六道沟与七道沟砾岩金矿带；西岗子西沟工业硅石矿带。这种资源分布结构有利于围绕优势矿种形成采、选、冶、加工为一体的产业体系。三是矿种优势比较明显，开发利用前景广阔。爱辉区植被及矿产资源、生态环境保护良好，矿产品位高。金水—木耳汽煤区属低磷、低硫、中灰、中等发热量的黑色长焰煤，发热量在5 000~6 000大卡；西岗子煤矿为褐煤，发热量在2 700~4 000大卡，可解决化工、生活各个领域的燃煤需求。黄金品位8.93克/吨，铜品位34公斤/吨，多数矿种品位较高，贮量丰富，开发潜力大。

四、草原资源

爱辉区境内的天然草场均属林缘草地及沟谷草甸，其中沼泽草甸是爱辉区主要天然草场。这些草甸为常年或季节积水，塔头丛立，多以沙草科草类为主，坡前草地多以禾本科和豆科为主。全区草场可供饲用植物200余种，有饲用价值的61种。依据草类构成和利用价值，草场可分为：小叶樟杂类草场；小叶樟沼泽化草场；疏林灌丛草场；苔草沼泽化草场。境内的草场多分布在沟谷河流两岸与林地边缘，草水条件较好，为发展畜牧业提供了有利条件。但由于草场多为带状分布，单片面积小，而且分散，因此不宜集中办大型牧场，可因地制宜办小型牧场，发展家庭畜牧业。

五、水产资源

爱辉区域内河流分属黑龙江水系和嫩江水系，属于黑龙江水系的主要河流有20条，属于嫩江水系的河流有6条，泡沼182个，区内地下水分为松散类岩孔隙水、碎屑岩类裂隙孔隙水及岩基裂隙水三大类型。区内有西沟水库、象山水库、宋集屯水库和卧牛河水库等中型水库。黑龙江干流水流湍急，沙砾底，水质清，透明度强，是鲟鳇鱼栖息和繁殖的好场所，也是其他冷水鱼类越冬的理想居所。境内河流发源于山地，河床狭窄，流速快，水温低，石砾河底，水质清澈。明水期水量丰沛，是冷水性鱼类生活和产卵的首选之地。由于河床变迁，沿江一带形成许多自然泡沼，大部分水面面积较小，最大的几百亩。这些泡沼经过人工改造，可成为养鱼水面资源。

六、山特产资源

爱辉区物产丰富，现有狐狸、熊、野鸡、飞龙等野生动物

40余种；野生植物366种，有升麻、苍术、兴安杜鹃、黄芪、黄芩、刺五加、五味子、狭叶柴胡、桔梗、赤芍、龙胆等重点野生药用植物，蕴藏量丰富；有蕨菜、黄花菜、茼蒿、老山芹等山野菜100多种；有都柿、黑加仑、五味子以及桦树汁等野生浆果100多种；有松子、榛子、山核桃等野生坚果50多种；有黑木耳、猴头、蘑菇等野生食用菌60多种，是我国北药重点开发基地和天然绿色食品基地。

第二节　旅游资源

爱辉区地处我国东北边陲的黑龙江畔，是黑河市所辖唯一具有县级职能的行政区，市、区同处一城，与俄罗斯远东第三大城市布拉戈维申斯克市隔黑龙江相望，是中俄7 000多公里边境线上唯一相对的规格最高、功能最全的姊妹城。辖区内壮美多彩的北国风貌、得天独厚的地缘优势、条件完善的口岸功能、底蕴厚重的历史文化、神秘独特的民俗风情，构成了爱辉区独有的旅游资源优势。

一、旅游资源特点显著

（一）自然资源得天独厚

世界公认的三大旅游资源——冰雪、森林、海洋，爱辉区拥有冰雪和森林两项，构成了爱辉区壮美独特的北国雪景和纯天然的良好生态。中俄界江黑龙江流经爱辉区境内184.5公里，形成了雄浑壮丽的界江岛屿风光。一是冰雪资源。爱辉区地处中高纬度，位于北纬49°24′~50°58′、东经125°29′~127°40′，东西最长距离130公里、南北最大跨距174

公里，远离海洋身处大陆，临近西伯利亚大草原，属寒温带大陆季风气候，横跨四、五、六积温带。年均气温低于零下30℃时段90天左右，35℃~40℃时段40天以上，冬季雪量大，雪期长，积雪覆盖期130~150天。二是生态资源。爱辉区是黑龙江省最大的地方国有林区，小兴安岭斜穿区域境内，是一个“天然氧吧”。三是界江岛屿资源。黑龙江是世界四大无污染水系之一，江中岛屿星罗棋布，有大小岛屿53个，归属我国的岛屿有38个。两岸景色迷人，植被完好，水质纯清，至今仍保持着原始生态特色。乘船游览黑龙江，既可近距离观赏独特的山水景致，又可同时领略中俄两国城乡风光。

（二）历史文化底蕴深厚

爱辉区历史源远流长，古代遗址遗迹较多，具有较高的人文及历史和研究价值，可供游人凭吊和游览。纵观爱辉区的历史，是一部饱含不屈精神的抗争史，在长期的抗俄、抗日斗争中，涌现出众多的民族英雄，沉淀着无数可歌可泣的悲壮动人的故事。瑷珲古城，是清代黑龙江流域经济、军事、文化中心，是首任黑龙江衙门驻地和中俄《瑷珲条约》的签订地。历史上曾出现过9位将军，是体验黑龙江流域历史文化，接受爱国主义教育的优选目的地。从20世纪初到20年代末，是许多华侨赴俄经商、归国兴办商埠进行贸易的集散地和重要通道。20年代和30年代期间曾经是我党我军早期重要领导人和留学生赴苏考察学习的重要“红色通道”。在抗日战争年代，爱辉区是东北抗联将士们从中国大陆赴苏联隐蔽休整学习的重要“红色通道”。爱辉区还是知青的重要集聚地之一，先后有12 770名来自五湖四海的城市热血青年，响应国家号召来到这里插队落户，在荒无人烟的河套荒原上拓荒种地，在漫长的中苏边境界线上守土戍边。在那段特殊的历史时期，知识青年在这片土地上与当地群众共同奋斗，留下了宝贵的精神财富。

（三）民族风情绚丽多彩

爱辉区是一个多民族聚集地，有25个少数民族。少数民族人口1.93万人，有3个民族乡、24个少数民族村，各民族的融合发展，共同缔造了爱辉古朴绚丽的民族民俗文化。一是民族民俗方面。鄂伦春族是我国人口较少的民族之一，新中国成立前过着原始游猎生活，一杆枪、一匹马、一只猎狗是他们的生产方式。兽肉为食、兽皮为衣是他们的生活常态。斜仁柱、奥伦是他们的特色建筑。1953年下山定居至今，仍保留着大部分原始生产生活习俗和建筑风格。达斡尔族在历史上是忠诚捍卫祖国北疆领土的英雄民族，曾打响武装抗击沙俄入侵的第一枪，之后多次参加戍边作战。1654年达斡尔族大规模南迁，坤河乡富拉尔基村是主要过江地之一，部分达斡尔族人在此繁衍生息，祭敖包、制作使用大轱辘车、能歌善舞是他们的民族特色。二是异域风情方面。与黑河一江之隔的俄罗斯远东第三大城市布拉戈维申斯克市（海兰泡），是阿穆尔州首府，是经济、军事、文化中心，至今已有150多年的历史。在黑河市的街道上，随处可见金发碧眼的俄罗斯游客，仿佛置身于国外城市。跨过黑龙江，异域风情尽收眼底，给游客留下难忘的印象。

二、旅游资源开发现状

爱辉区科学整合了冰雪、生态、界江、历史文化，以及民族民俗和异域风情等多方面旅游资源，形成了“六区一带”的旅游发展格局。“六区”即黑河城区商旅休闲中心、瑷珲古城历史文化旅游区、新生鄂伦春族民俗旅游区、卧牛湖休闲度假旅游区、锦河关东文化旅游区、胜山森林科普探秘休闲区；“一带”即黑龙江沿江滨水休闲旅游带。

新中国成立以来，特别是党的十八大以后，在以习近平同志为核心的党中央领导下，爱辉区和全国其他地区一样，国民经济和社会事业取得了长足的发展。展望未来，一个经济繁荣、人民生活富庶的新爱辉一定会在不远的将来展现在世人面前。

第二编★老区人民的重要贡献和历史地位

第一章　中国共产党领导群众抗击侵略者

瑷珲县是黑龙江省北部边境地区，祖国东北的重要门户。1933年1月25日，日本关东军侵占了瑷珲县，并于1934年12月，在瑷珲县区域内的黑河设立伪黑河省公署。日本侵略者在瑷珲县境内驻有重兵，设有多处军事要塞及军事基地，对瑷珲县人民进行了残酷的殖民统治。这里成为日伪统治时期的重灾区之一。

为了打败日本侵略者赢得民族独立，各路英雄豪杰舍生忘死，奔向抗日救国的战场，与侵略者展开了长期的艰苦卓绝的斗争。他们中有爱国志士、士兵、将军，有打响抗战第一枪的马占山，有中国共产党人，但最多的是成千上万的劳苦大众。老区人民在共产党的领导下，前仆后继，英勇杀敌，最终打败了侵略者。我们今天的鲜花、欢笑和幸福生活，是无数先烈和革命前辈浴血奋战、流血牺牲换来的。同时，这也给世人一个警醒：前事不忘后事之师，国强才能民壮，落后就要挨打。革命实践告诉我们：人民，只有在中国共产党的领导下，才能打败一切反动派，取得革命最后的胜利。

第一节　中国共产党发动人民开展抗日活动

抗日战争之前，就有共产党员王国华以广发祥糕饼店老板身份，在瑷珲县区域内进行地下活动。1931年，“九一八”事变后，他积极在群众中开展抗日救国宣传活动。平日他以开店做掩护，实际身份是中苏两党边境上的联络人。马占山江桥抗战前后，先后有姚艮、于文志、王复生等一大批共产党员来到瑷珲县进行抗日救国宣传，发动群众开展抗日活动。姚艮于1931年9月初来黑河探亲，不久发生了“九一八”事变，作为一名共产党员，在民族危亡时刻，他就地参加了抗日活动。他到青年学生中、到戏院、到马占山的部队中进行抗日救国宣传活动。在抗日群众的集会上发表抗日演说，在地方报纸上发表抗日文章。马占山抗日期间，按照党的指示，本着团结各武装力量开展抗日斗争的原则，共产党员王复生从齐齐哈尔来到黑河，被马占山聘为黑龙江省政府顾问，为马占山抗击日军出谋划策。

第二节　坚定人民跟党抗日救国的决心

由于共产党人的宣传，人民群众知道了蒋介石国民政府对日本侵略者采取的消极抵抗政策。国难当头，民族危急，而国民党反动派却只顾跟共产党打内战、抢地盘。由于东北军执行不抵抗政策，促使日本关东军占领沈阳以后，大胆地长驱直入，继续向辽宁、吉林、黑龙江三省的广大地区进攻。在短短的4个月内，128万平方公里的土地，相当于日本国土3.5倍的中国东北全部沦陷，三千万同胞成为亡国奴。

为了拯救中华民族不当亡国奴，中国共产党人深入基层广泛宣传抗日救国的道理，发动群众开展抗日救国活动，提高了人民群众的思想觉悟，坚定了抗日救国的决心。越来越多的人认识到：只有在共产党的领导下，全民族团结起来，结成广泛的爱国抗日民族统一战线，才是中华民族取得独立解放的唯一出路。

第三节　人民群众以不同形式参加抗日活动

一、当情报员

为了抗日救国，早日打败日本侵略者，知名人士韩子和、俄籍德国人胡宇翔、瑷珲县视学范革人等一大批当地群众，给共产国际情报部当情报员。他们在艰难困苦的环境里，舍生忘死地工作和战斗，为打败日本侵略者，早日解放家乡、解放东北做出了贡献。

二、直接参战

1941年6月，抗联三支队打下罕达汽金矿（当时叫兴安金厂），在召开采金工人大会上，当场就有一些工人参加了抗联队伍直接参战。受共产党和抗日联军的影响，瑷珲县上马厂村民刘仁义于1943年召集十多名青年人，秘密成立抗日小分队与日本侵略者展开游击战。

三、保护伤员

老区人民把保护伤病员作为自己的义务，不顾自身安危，想方设法地对抗日伤员进行精心护理、秘密隐藏。1941年，抗联干部陈雷带领四五个人来到上马厂村，途中遭日军截击，有一名战士受伤，被安排到一户姓王的人家养伤。他们不仅得到这家人的精心护理，左邻右舍也送来吃的和用的。他们希望抗联战士能早日养好伤，回到前线继续杀敌。

四、当好向导

1941年6月中旬，抗联三支队决定袭击瑷珲县境内的罕达汽金矿。部队来到阿拉汽沟，两名伐木工人主动向抗联三支队详细地介绍了罕达汽金矿的情况，并为三支队当向导。他俩抄近路走小道，躲开敌人的耳目，顺利地把抗联三支队带到罕达汽金矿附近，为部队成功袭击罕达汽金矿做出了贡献。

五、打响了全国抗战第一枪

抗日爱国将领马占山是黑河警备司令、黑河镇守使。1931年“九一八”事变后，代理黑龙江省政府主席兼任东北边防军驻黑龙江军事总指挥。1931年10月上旬，马占山将军在黑河和瑷珲县人民的热烈欢送声中，率部队南下抗日。11月4日至11月19日与日军进行了16天的激战，史称“江桥抗战”。此次“江桥抗战”举起了抗日救国的大旗，打响全国抗击日本侵略者的第一枪，震惊了中外。

第四节　瑷珲县是马占山的抗日起源地

1932年5月15日，马占山将军从黑河（瑷珲县境内）出发，第二次南下抗击日本侵略者。他在《通电誓师出发并委代理人员》的公函中说：“……惟查作战之道，前方与后方并重兼顾，无分轻重。黑河（瑷珲县区域内）为我军后方根据重地，稍有疏虞不惟前线作战受其影响，且实为我东北存亡所系，是其责任之重与身临前敌者何异……”瑷珲县人民全力支持马占山南下抗战，要人出人，要物出物，要钱出钱，不遗余力，这反映出老区人民的民族气节和反满抗日救国的精神风貌。

第五节　东北抗日联军在瑷珲县的反满抗日斗争

在日本法西斯的残暴统治下，瑷珲县人民反满抗日斗争历经了漫长艰难的过程。马占山抗战失败后，瑷珲及东北人民的抗日斗争一度受到严峻考验。危急时刻，以张甲洲、赵尚志、周保中、杨靖宇为代表的一大批中国共产党人，高举抗日大旗，凝聚东北民众抗日力量，分别组织创建了抗日义勇军、游击队和东北人民革命军及东北抗日联军等多支抗日武装，与穷凶极恶、装备精良的日本关东军、伪满洲国军队，在白山黑水之间，前赴后继、浴血奋战，进行了长期的、艰苦卓绝的武装斗争。

战斗在瑷珲县境内的抗日力量主要是东北抗日联军第三路军第三支队。抗联三支队打下了罕达汽金矿，捣毁了日本正在修建的山神府至黑河的铁路工地。

在日伪军残酷的“讨伐”下，战斗在瑷珲县境内的东北抗联战士，在当地人民的掩护支持下，一部分化整为零，分散隐藏于市井田园或深山密林之中，神出鬼没，不断地给日伪统治集团以坚决打击；一部分转入苏联休整，积蓄力量伺机再战。与此同时，他们对瑷珲县及黑龙江沿岸的日军设施和军备情况进行侦察，搜集情报，为最终将日本侵略者赶出东北做出了重要贡献。

第六节 东北抗日联军教导旅配合苏军作战

1942年7月21日，根据斯大林的意见，远东方面军总司令阿帕纳先科下达命令，东北抗日联军教导旅（番号为苏联远东红旗军第八十八独立步兵旅，亦称国际旅）成立，8月1日举行了盛大而隆重的典礼。苏军进攻中国东北的日本关东军，特别需要八十八旅的全面配合。在侦察、情报、向导等任务中，训练有素的八十八旅指战员都完成得很出色。1945年7月下旬，苏军将挑选出来的290名八十八旅指战员空投到中国东北18个地区，为苏联红军即将发动对日本关东军进攻做好侦察准备。8月11日晨，抗联部队和当地民众为苏军先遣部队当向导并汇报日军部署情况，使苏联红军很快就占领了黑河。随后，他们引导苏军先遣部队和后续主力部队，于8月12日逼近日军抵抗枢纽——西岗子要塞阵地。经过浴血奋战，到8月22日，西岗子要塞的日本关东军投降，瑷珲县境内所有日军被打垮，瑷珲县获得了解放。

第七节 人民群众在抗日斗争中的重要贡献和历史地位

一、人民群众在抗日斗争中的重要贡献

老区人民在抗日斗争中做出了重要贡献：一是缓解了关内抗日部队的压力。瑷珲县人民与东北人民及抗联部队，与日本侵略者进行了长达14年的艰苦卓绝的武装斗争，缓解了关内各抗战部队的压力。他们奋起反击日军，保卫家乡、保卫黑龙江、保卫东

北，最终配合苏联红军打败了侵略者，解放了东北全境。

二是减轻了世界反法西斯战争的压力。瑷珲县人民与东北人民及抗日联军，共同抗击日本侵略者，把70多万日本关东军死死地拖在中国东北的抗日战场上，给世界反法西斯战争减轻了很大压力，使苏联红军有足够力量击败德国法西斯；同时给美国军队在太平洋对日作战减轻了压力，使其较快地击败了日本法西斯；也给全世界反法西斯战争增添了力量。

三是为中华民族的独立解放做出了贡献。瑷珲县人民与东北人民及抗日联军，在艰难困苦的条件下，不怕流血牺牲，开展了多种形式的抗日救国斗争，前仆后继、英勇奋战，终于打败了日本侵略者，解放了全东北，为中华民族的独立解放做出了贡献，立下了不朽的功勋。

二、人民群众在抗日斗争中的历史地位

人民群众在抗日斗争中的历史地位：一是世界反法西斯战争的重要组成部分。作为第二次世界大战东方主战场的中国抗日战场，在第二次世界大战中占有重要地位。中国东北及黑龙江省是中国人民抗日战争的主要战场之一。瑷珲县是伪满黑河省公署所在地，与苏联阿穆尔州布拉戈维申斯克市隔黑龙江相望。日本关东军在黑河，特别是在瑷珲县边境线上以及区域内驻重兵、设要塞，虎视眈眈随时准备进犯苏联。所以瑷珲县的抗日战争，在全中国乃至世界反法西斯战争中，占有举足轻重的地位。

二是东北抗日联军是全国主要的抗战部队之一。瑷珲县境内的抗联部队，隶属于东北抗日联军第三路军，在全国抗日部队中，占有相当重要的地位。他们开始抗日的时间早，斗争时期长，爬冰卧雪地战斗在日伪统治区内，他们克服了常人难以想象的困难，面临着最恶劣的自然环境的挑战。他们与东北各地的抗

联部队和瑷珲县乃至整个东北的人民，共同打败了日本侵略者，对解放全东北起到了不可替代的作用。

三是在苏联红军抗战史上占有一席之地。退入苏联境内的东北抗联战士，成立了八十八旅，并接受苏军训练，共同抗击日本侵略者。1945年8月，配合苏联红军剿灭中国东北的日本关东军，在并肩战斗中用鲜血和生命凝结成了中苏两军、两党的友谊。

第二章　创建和发展黑瑷革命根据地

苏联红军出兵我国东北，在中国军民的配合下，打败了日本侵略者，中国人民赢得了抗日战争的最后胜利。为捍卫东北人民的胜利果实，中国共产党从晋察冀边区和延安派出了大批干部奔赴东北。

进驻瑷珲县的中国共产党人王肃、岳林、张继成等同志发扬独立自主、自力更生、艰苦奋斗的革命精神，充分发动人民群众，相信人民群众，依靠人民群众，在瑷珲县的大地上先后创建了黑河人民自治军、公安队等革命武装，组建了中共黑河中心县工作委员会和中共瑷珲县工作委员会等党的组织，接收了伪瑷珲县政府，并在黑河城区和农村建立了基层民主政权。中共瑷珲县工作委员会在中共黑河中心县工作委员会的领导下，克服了各种困难和重重险阻，深入农村动员瑷珲县人民参军入伍。在农村积极创建公安队等基层武装，维护治安，恢复生产，妥善处理敌伪遗留物资，努力为黑河人民自治军提供有力的后勤保障。同时与当地国民党反动派组织的政治土匪展开了艰苦的武装斗争，实现了省委提出的“建立人民武装，按下钉子，站住脚”，建立黑瑷战略据点的目标。

在东北形势逆转之际，瑷珲县各级党组织齐心协力整治治安、整训干部、充实基层、紧缩开支，保军需、保教育。通过放手发动群众开展剿匪除奸、清算斗争和生产运动，巩固了政权，稳定了局面，为黑瑷战略根据地建立和发展打下了坚实的基础。革命老干部贾封五说："……这不光是我们舍生忘死拼命地干，更主要的是我们有坚强的后盾，这就是瑷珲县人民。在人民的支持帮助下，仅用一年多的时间，建立和武装了地方部队，剿灭了土匪，建立了民主政权……"

第一节　创建黑河瑷珲战略根据地的重要性

日本投降后，东北地区成为国共两党争夺的重点和焦点。东北地区（当时包括热河及内蒙古地区）战略地位非常重要。总面积130万平方公里，物产丰富、工业发达、交通便利，是当时中国高度发达的地区；东北背靠社会主义国家苏联，西与蒙古接壤，东和朝鲜民主主义共和国为邻，南与冀热辽解放区和整个华北解放区连成一片，是改变中国革命根据地长期被敌人包围局面的战略基地。东北是有利于发展人民革命力量的地区，是共产党的战略发展方向。

国民党蒋介石对东北的战略地位看得非常清楚，在美国的帮助下，陆海空齐头并进，以最快的速度向华北、华中和东北运送大批军队，抢夺抗战胜利果实。为了夺取东北地区，建立巩固的东北根据地，中共中央先后派出四名中央政治局委员和二十名中央委员及候补中央委员，率两万名干部、十万大军进入东北地区。

黑河地区东南与伊春、绥化地区接壤，西南与齐齐哈尔市毗邻，西部与内蒙古隔嫩江相望，北部与大兴安岭相连，东北隔黑龙江与苏联阿穆尔州相对，边境线全长358.43公里，地理位置非常重要，作为东北的后方，在此创建革命根据地尤其重要。王肃、岳林等共产党人响应党的号召随部队挺进东北。王肃被上级党组织派往黑河地区开辟黑瑷战略根据地，并被任命为中共黑河中心县工作委员会书记（地工委书记），黑河人民自治军司令员兼政委。1945年11月，王肃率领王文彬、刘挺进、李银全等五人，向黑河进发开辟黑瑷革命根据地。

第二节　党领导人民创建黑瑷革命根据地

以王肃为首的共产党干部进入黑河，各界持有不同的态度：苏联红军司令部态度暧昧，忽而信任、忽而猜疑；维持会、伪县政府则恨之入骨，当面点头赞同，背后却施展毒计；社会上的敌伪残余及国民党潜伏特务蠢蠢欲动；城外国民党政治土匪四起，企图用武力把新生革命力量扼杀在摇篮中；人民群众中的一些人，受所谓“正统”思想影响，对共产党缺乏认识，甚至盼望国民党来接收政权。在这种情况下，经我党干部队向导胡宇翔介绍，回族爱国人士韩子和不顾个人安危，毅然挺身而出，将干部队秘密接到家中吃住，精心照顾，晚上为他们打更放哨，保证干部队同志们的人身安全。这是共产党干部队遇到的第一位革命群众。

鉴于黑河及瑷珲县当时社会的复杂情况，共产党干部队的首要任务是依靠群众、相信群众、发动群众，宣传党的方针政策，取得群众的信任和支持，站稳脚跟。他们深入群众之中，开展广泛宣传，让群众明白，共产党是为劳苦大众求解放、谋幸福的，只有跟着共产党走才能翻身当家做主人。严冬季节大雪纷飞、寒风刺骨，王肃等同志连吃饭睡觉都顾不上，依然早出晚归，对群众做耐心艰苦细致的思想教育工作，常常到半夜以后才回去吃饭睡觉。为了方便工作，他们搬到萨哈亮饭店对面的南楼里办公，吃住都在办公室里。渐渐的，瑷珲县人民群众对共产党有了了解，愿意团结在他们周围，支持他们的工作。我们党的干部队在群众中站稳了脚跟，迅速发动群众，创建了黑瑷革命根据地。

第三节　建立了人民武装和人民民主政权

革命实践证明，只有在共产党领导下，依靠发动群众广泛参与到革命队伍中来，革命队伍才能不断地发展壮大，才能打倒一切反动派，取得革命的胜利。任何革命工作没有群众的广泛参与和大力支持，都将一事无成。建立人民武装更是如此。

1945年11月下旬，黑龙江省工委派岳林、张继成、薛志侠、赵廉等同志到达黑河。按照上级指示，成立了中共黑河地区中心县工作委员会，简称为黑河地工委。王肃任书记、岳林任副书记、薛志侠任委员。同时建立黑河人民自治军司令部，王肃任司令员兼政委，岳林任政治部主任，张继成任参谋长，并决定立即进行建军招兵工作。王肃等领导与大家一起分头深入工棚等基层群众中去，找工人、农民谈话，让群众了解人民的武装是干什么的。招收的对象主要是工人和农民。黑河人民自治军司令部的牌子挂出来第二天，参加过抗联、曾给杨靖宇将军当过警卫员的张泉山前来报名参军，十几天时间就招收了200多人。1945年11月19日，成立了黑河地区行政办事处，胡宇翔任主任，李冷斋为副主任。第二天建立了瑷珲县政府，我党干部肖敬若为首任县长，这是瑷珲县第一个人民民主政权。同时接管了黑河治安维持会和伪县政府，解散了保安队，建立了以我党干部为队长的公安队。

第四节　清剿土匪　保卫巩固民主政权

黑河人民自治军司令部成立伊始，就大力扩军备战，用人民的武装保卫新生民主政权，发展扩大黑瑷革命根据地。为便于工作和管理，瑷珲县政府发出指令，将辖区划分为黑河、四嘉子、瑷珲、西岗子、大五家子、张地营子、兴农、兴安八个区。公安队由地工委组建领导，还在黑河街内设大东路、迎恩路、迎原街、西兴路、交通街五个分驻所。在农村设四嘉子、西岗子、瑷珲、张地营子、大五家子、兴安、兴农等公安分局。公安队伍的建立，对建立和巩固人民民主政权起到了重要作用。公安队伍当时的主要任务：一是维持地方治安；二是协助部队剿匪；三是盘查搜捕坏人。虽然共产党八路军（当时群众称自治军为八路军）当时衣着简朴不统一、不齐整，但他们的言行一致，得民心、顺民意，因此群众十分拥护共产党八路军。有些工人、农民不怕苦、不怕牺牲，主动投奔八路军。黑河人民自治军及各公安队在共产党领导下，在瑷珲县境内进行了血战西四嘉子、坚守上二公、出击纳金口子、缴械保安队、激战大五家子、坤河阻击战、黑河保卫战、智擒海山靠山、活捉王乃康（国民党先遣军第一军中将副军长兼嫩东总指挥）、瑷珲保卫战等战斗，保卫了新生民主政权，巩固发展了黑瑷革命根据地。

为了创建和发展黑瑷革命根据地，保卫人民民主政权，让劳苦大众翻身做主人，过上幸福生活，王肃、刘光烈、江燕、杨国斌、邓秀江等一大批同志献出了宝贵的生命，他们把满腔的热血洒在了瑷珲这片土地上，瑷珲人民永远怀念他们。

第五节　人民群众在创建和发展根据地过程中的贡献、地位及作用

首先，收留并保护了共产党的干部队。共产党干部队来黑河创建黑瑷革命根据地时，韩子和把他们接到家中，保护起来，使共产党干部队度过了最艰难的起步阶段。

其次，人民支持党创建和发展根据地。共产党创建和发展革命根据地离不开人民群众的大力支持。人民群众在创建和发展革命根据地斗争中离不开共产党的领导。共产党离开人民群众的拥护支持，将成为无源之水、无本之木，革命不会成功。而人民群众离开共产党的领导，就会迷失方向，没有凝聚力和战斗力，将一事无成。人民群众保护了共产党干部队，参军参战壮大了人民武装，创建发展了革命根据地，保卫了民主政权，这个历史贡献是无法估量的。

最后，人民是革命队伍的中流砥柱。发展人民武装力量离不开人民群众，人民武装的主体是劳苦大众。到1945年12月底，共产党干部队进驻黑河及瑷珲县46天时间内，人民自治军发展到400余人。黑河人民自治军的指战员绝大多数是人民群众工农子弟。这支部队和老区人民在共产党的领导下，在创建和发展黑瑷革命根据地和保卫民主政权并最终击败国民党反动派等革命进程中起到了决定性作用。

创建和发展黑瑷革命根据地的实践证明：共产党与人民群众的关系是种子和土地的关系，种子有了土地才能生根、发芽、开花、结果。革命武装与人民群众的关系是鱼和水的关系，鱼在水中才能成活、生长、壮大。无论是抗日战争还是解放战争，在

中国共产党的领导下，人民群众，特别是老区的人民群众，拥军优属、支援前线，给人民军队做坚强的后盾；保卫政权、保证军需、支持革命、参军参战，壮大了人民武装力量，使之有充足的兵源。人民群众是革命队伍的基石和中流砥柱。

第三章　发动群众开展土地改革运动

土改千载难逢。和全国农村一样，瑷珲县的土地改革运动，使全县人民在政治上、经济上翻了身，农村生产力得到了解放，人民真正当家做了主人。

日本投降后，在大股政治土匪被消灭、社会上或明或暗存在较强的敌对势力的时候，中共瑷珲县委组织工作队分赴农村领导并发动群众开展土地改革运动。土改工作队深入群众中广泛地开展调查研究，掌握了大量翔实的第一手材料。在充分发动群众的基础上，紧紧依靠贫雇农的力量，认真贯彻党的方针政策，团结中农和一切爱国力量，狠狠地打击了以农村地主阶级为核心的各种反动势力，顺利地完成了土地改革任务。

第一节　土改前的农村情况

日伪时期，每到秋收季节，日伪官吏带领伪警察采取抓人坐牢、纵火烧房等强制办法逼迫农民出荷（交粮）。许多农民不仅失去了口粮，有时甚至连籽种也被抢光。日本侵略者以开拓团、军事用地为名，抢占农民大量土地和房屋，使农民过着饥寒交迫的生活，有的甚至自杀或冻死、饿死街头野外。农业生产日渐萎缩，人民群众在生死线上痛苦挣扎。

1945年8月，日本投降后，日伪时期的大量军、警、宪、特流入农村，与地主恶霸勾结起来，成为政治土匪。他们打家劫舍、残害百姓、抢夺马匹，使部分农民无法耕种，大片耕地荒芜。广大农民渴望翻身，盼望有一天能当家做主，过上幸福生活。中国共产党在瑷珲县领导人民搞土地改革，得到了人民群众的热烈拥护和支持，土改工作得以迅速推进并最终取得了胜利。

第二节　搞好反奸清算斗争

按照中央的指示，在土匪依然猖獗的1946年秋天，瑷珲县部分地区开始了反奸清算斗争。主要目的是打击伪警察、流窜土匪、潜伏的国民党特务、农村地主恶霸、地痞流氓等地方反动势力的嚣张气焰，配合部队尽快消灭土匪，为全面进行土地改革做好充分的准备。在反奸清算斗争中，没收了部分“大户人家”的浮财；强行管制了一批有一定罪恶的坏人；枪毙了作恶多端、民愤极大、不杀不足以平民愤的恶霸。做到了该杀的杀、该斗的斗、该管的管、该关的关，很快就把敌人的嚣张气焰打了下去。瑷珲县的反奸清算斗争，得到了中共黑河地工委的充分肯定。农村的社会环境基本上安定了，人民群众感到共产党的力量是强大的。人民群众更加相信党、靠近党，党和人民的关系更加密切了。这为1947年冬到1948年春开始的农村土地改革运动奠定了坚实的思想基础。

第三节　召开土地工作会议

为了贯彻中共中央全国土地会议关于“整顿革命队伍，改善领导作风”的决定，1947年11月1日到11月28日、11月29日到1948年2月21日，中共黑河地委相继召开了民主大会和土地工作会议。目的是统一思想、统一意识、统一步调，反对党内不良倾向，以迎接新的任务，为开展土地改革运动做好组织上和思想上的准备。80名排级以上干部参加了会议。会议期间，与会同志明确了平分土地的重大意义。同时，地委领导带头开展批评与自我批评，与会同志分别在大会或小组会上深刻检查了自己与党的要求不相符合的各种思想表现及错误，进而树立起走贫雇农路线和给贫雇农当长工的服务思想。2月25日，地委发布了《今后工作方针和任务》的指示，明确了土地改革的任务、政策、方法，对工作队员提出具体的纪律要求。

为了使参加土改工作队的同志们能够认真掌握党的方针政策，黑河地委派瑷珲县县委书记寿丹亭、县委宣传部部长李威、瑷珲区区长贾封五带领高岩、高济范等几名同志组成了工作组，到瑷珲县瑷珲区外三道沟村搞划分阶级调查研究。根据《中国土地法大纲》和有关文件开展社会调查，涉及的有关问题和具体做法，要到实践中去探索，到群众中去找答案。工作组挨家挨户去走访调研，调查得很细，都以翔实的数字说明问题。调查结束后，贾封五代表工作组在地委土地工作会议上作了典型发言。发言过程中，与会人员提出了很多问题，如有的同志提问：“你给这户定为富农的依据是什么？”贾封五当即答复：“经过调查这户人家有多少口人、多少匹马、种了多少垧地。种地当中用雇工多少，自己下的功夫多少，他的总剥削程度超过了25%，给他家定为富农是合乎党的政策的。”贾封五的发言引起了会议的高度重视，地委领导表扬了瑷珲县调研组，认为这个调查报告对全地区土改工作定阶级、划成分有一定的指导意义。

第四节　开展土地改革

瑷珲县的土地改革运动是从1948年初开始的，经过试点和逐步铺开两大阶段，于春耕之前基本结束。土改开始，在土改工作队进点的同时，各地对那些罪恶大、有可能逃跑或有可能对土改运动进行破坏的人，给予先行逮捕，以扫清土改运动的障碍，防止这些人给土改工作带来不必要的麻烦。

2月24日，工作队员全部到瑷珲县集中。地委书记林一心、专署专员岳林到瑷珲县向全体工作队员讲了工作要求和具体做法，同时严明了纪律：

（1）站稳贫雇农立场，坚决与地富为敌，不受地主拉拢。

（2）无条件地为贫雇农当长工，直接与全体贫雇农见面，不包办代替，一切工作经过贫雇农大会决定。

（3）不贪污斗争果实（不吃、不拿、不买、不换）。

（4）不做假报告，不伪造民意，发扬实事求是、艰苦朴素的作风。

（5）在工作中学习，向贫雇农请教，同志间互相学习、互相批评、互相勉励、不断进步、提高自己。

2月25日，工作队员分成五组分别进驻各自负责的村屯开展工作。瑷珲县委根据群众工作基础情况，决定首先在新民屯、杨树屯、蓝旗屯、黄旗营子、大红旗营子试点。后来又增加了一个曹集屯，共有6个屯子进行试点。27日，县委书记寿丹亭在新民屯召开第一次试点工作汇报会。各村进展不一，但都做了两件事：一是与贫雇农见面，进一步向群众宣传讲解《中国土地法大纲》和《东北局告农民书》。向贫雇农交权、交底、交政策，发动贫雇农团结起来，打垮封建与半封建的剥削压迫。宣布原农会、村干部一律解职，一切问题经贫雇农大会解决。二是划阶级、定成分，做了很多艰苦细致的工作。会议当中也发现一些问题：个别点上与贫雇农见面方式不对，有的先找旧农会干部或积极分子，不是直接与贫雇农见面；划阶级定成分普遍偏高，打击面过大，不利于发动群众。汇报会结束，各工作组立即返回驻地召开贫雇农大会传达会议精神，对一些划错成分的进行纠正，进一步调动了群众积极性。

1948年3月1日，在新民屯召开了6个村300多人参加的贫雇农大会。会上公审枪毙了两个恶霸：一个是伪警长且有血债；一个是伪警察作恶多端。被欺压的人们纷纷上台诉苦申冤，一致要求镇压他们，不杀不足以平民愤。会议结束时将两个恶霸就地枪决。这次大会的召开，进一步为贫雇农撑了腰、壮了胆，广大贫雇农的情绪调动起来了。各村工作组趁热打铁，当晚6个村都召开了贫雇农大会，广大贫雇农纷纷诉苦申冤，开展了算地主的剥削账，斗争地主、富农等活动，很快掀起了农村土地改革运动的高潮：一是封地富的房子，没收全部财产。二是斗地富、挖财宝。三是在斗争地富的同时，斗争伪警、宪、特。四是对运动中出现的错误及时纠偏，向被斗的中农道了歉，当场返还了没收的财物。

不久，寿丹亭在新民屯召开各工作组会议，总结经验教训，并把二道沟、三道沟、东三道沟、四道沟、五道沟、卡伦山作为第二批试点。土地的分配原则是先丈量土地，然后根据贫困程度分配。对那些成分好的、没做过坏事的“二流子”也要叫他们低头认错，然后才能分给果实。地主、富农也分给一定数量的土地，给他们生活出路。在运动中各村成立了自己的组织——贫雇农团。当时参加的条件是：常年劳动、历史清白、作风正派、斗争积极、大公无私。在建立村政权之前，由贫雇农领导村里的各项生产和工作。

通过22天的工作，上述12个村屯的土改工作基本结束。3月17日，工作队在瑷珲进行了总结，地委书记林一心、专员岳林出席会议，对试点工作取得的成绩给予了充分肯定，认为试点工作取得的成绩，为全县乃至全地区土地改革运动提供了很好的经验。地委、行署于3月25日下达了《关于春耕工作的紧急指示》，号召广大贫雇农积极发展生产。当年全县新增加耕地面积6 700多垧，为1948年农业大丰收打下了坚实的基础。

3月中旬，轰轰烈烈的土地改革运动在全县展开，到4月底前基本结束。经过土地改革运动，广大农民认识到中国共产党是完全彻底为他们服务的，他们从内心拥护共产党，团结在共产党的周围。广大贫雇农决心以种好地、多打粮的实际行动报答党的恩情，支援全国的解放战争。

县委、县政府成立了春耕委员会，号召党政军民搞好春耕、夏锄、秋收，力争粮食颗粒归仓；宣传生产自救，去掉依赖思想，提出一切工作给生产让路的口号，把机关部队的车马人力投入生产第一线，支持全县人民搞好生产自救和支援全国解放战争。

第五节　在农村公开建立党组织

中共瑷珲县委在土地改革运动基本结束后，于1948年8月5日召开了土地工作会议，总结了全县的土改工作，并进行了整党工作，使党的状况好转。但在土改运动中，没有发展新党员。由于长时期以来没有重视党的发展工作，致使瑷珲县党员数量很少，特别是在农村中党员数量更少。

为了创建发展巩固的后方根据地，必须建立一个坚强的、有战斗力的党组织。根据黑龙江省委指示，中共黑河地委在1948年9月15日至1949年3月《工作任务提纲》中指示各县委：“明年3月前在有基础的重点村建立起党支部，瑷珲县的四嘉子区、瑷珲区可试作公开建党。”1949年11月30日，地委在《关于建党工作的指示》中更明确地指出，在我区公开建党的条件已具备，今后建党方针，应该是坚持积极的、慎重的、正确的、有计划、有步骤、有领导、有重点的波浪式的发展方针。同时制定下发了入党条件。

瑷珲县委根据地委的指示精神，于1948年10月中下旬组成试点工作队，到瑷珲区的黄旗营子、蓝旗屯、新民屯、杨树屯开展总结经验、成立农会、公开建党、发放地照等试点工作。在公开建立党组织前，首先把黄旗营子原有的两名秘密党员公布出来。两名秘密党员先自己检讨，再由群众评议，认定这两人具备党员条件，可以保留党籍。接着组织群众学习党章，县委领导讲党课，增强群众对党组织的认识。组织发展采取自己报名、群众评议、党组织批准的办法进行。

试点中4个村屯有92人报名要求入党，群众评议认为其中28人够条件。经县委集体讨论批准23人入党，最后举行隆重严肃的入党仪式，4个村屯的干部及党的积极分子参加了仪式。新党员逐一面对党旗向党宣誓，并成立了党支部，指定了支部干部。县委试点工作结束后，参加试点的各区委书记回到各区，又确定了本区的试点村屯，并逐步将试点的几项工作在本区铺开。经过了土改运动的瑷珲、西岗子、四嘉子、大五家子、张地营子区及黑河城区进行了公开建立党组织的工作，比较普遍地建立了党的基层组织，共发展新党员215名，占建党区总人数的1.3%，为瑷珲县各项工作的开展奠定了坚实的组织基础。

第六节　农村的大生产运动

在土改运动中，瑷珲县委把组织群众发展生产始终摆在重要位置，当成重要工作去抓。因为当时的农村经济条件非常差，加上1945年到1946年期间土匪骚扰破坏，农村马匹有三分之一被土匪抢走，致使一部分土地荒芜。按照党中央的指示，为巩固新生的人民民主政权，解决人民群众基本生存问题，支援全国解放战争，县委开始把工作重点由武装斗争转向发展生产、繁荣经济的轨道。同时，把土改斗争中广大农民迸发出来的积极性及时地引导到发展生产上来。

瑷珲县委、县政府根据全县各区不同条件，因地制宜地采取了不同的发展生产措施。凡是沿江平原以农业为主的区和村屯，在土改斗争的同时，都及早地把土地、马匹、农具、粮食、种子等分到贫雇农手中，并按户帮助他们落实生产计划，解决存在的实际困难，以确保到春耕季节都能按时把地种上。凡是地处山里的各区和村屯，组织他们种少量的地，解决自己的吃饭问题。同时大力开展副业生产，如打木袢子、烧炭、采木耳、挖黄芪、采草药、狩猎、捕鱼等，以增加收入，解决生活中的困难。

刚刚翻身得解放的广大贫雇农，第一次在自己的土地上耕作劳动，心里无比高兴，劳动积极性被充分调动起来了，他们纷纷表示要争口气、长志气，把自己分到的土地种好，不给贫雇农丢脸，大家起早贪黑比着干。在热火朝天发展生产的过程中，首先碰到的困难是人多、地多、马匹少，有马户占农户40%左右。针对有的有马户农具不配套，有地无畜户种地发生的实际困难，政府号召实行互助合作。本着自愿结合互助两利的原则，组织临时互助组，实行合理的换工插具。

工作推进中又出现了新的矛盾，有马户强调种地主要靠马为动力，没有马就种不上地，所以要求一个马工换两个人工。而无马户认为现在人不如牲口值钱了，用一个马工换两个人工不合理，这是用牲口剥削人。县、区政府为了有效化解矛盾，通过农村党员、干部作耐心细致的思想教育工作，用算账对比的方法教育有马户不要走过去的老路。发动党员、干部带头搞合理换工。在党员、干部的带动下，普遍改为一个马工换一个人工。

土改运动后，地委明确提出了“以全力领导生产、发展生产为中心”的方针，“动员一切可以动员的男女老少，为完成两铲两蹚而努力”。此外，军政人员在农忙时到农村支援农业生产。根据地委的指示，县政府及各区政府都组织了生产工作队，领导亲自下田间参加劳动，具体指导生产。工作队挨村挨户帮助群众组织生产，并提倡深耕细作。经过一年的辛勤劳动，1948年获得农业大丰收，粮食产量3 800多万斤。贫雇农翻身不忘党的恩情，他们精心地挑选粮食，把最好的粮食交给国家，支援全国解放战争。

为了进一步调动鼓励农民发展生产的积极性，1948年冬到1949年初，县、区两级政府分别召开了劳动模范大会，从各方面推选出一批劳动模范，给大家树立了榜样。其中有个人模范、干部模范、家庭模范、妇女模范、小组模范等。在1949年1月20日瑷珲县政府召开的农民代表大会上，张地营子区泡子沿村的陶玉源被选为特等劳动模范，奖励给一匹大红马，同时被选为瑷珲县出席省劳模大会的14名特等劳动模范之一。

榜样的力量是无穷的。在各级劳模大会的鼓舞下，在劳动模范的影响带动下，广大农民发展生产的积极性空前高涨，他们对党的方针政策更加拥护，更加放心托底。1949年春耕前，许多农民积极主动添车、买马、购置农具、积攒粪肥、串换良种，准备扩大生产。1949年全县耕地面积27 986垧，比1948年耕地面积又增加了10%，粮食产量5 000多万斤，创造了历史记录，为国家又做出了新贡献。

综上所述，瑷珲县革命老区人民，在中国共产党的领导下，经过多年的浴血奋战，击败了日本侵略者，打垮了国民党反动派，创建和发展了黑瑷革命根据地，建立并保卫了人民民主政权，开展了轰轰烈烈的土地改革运动，打倒了地主阶级，与全国人民共同推翻了中国几千年的封建土地制度，实现了耕者有其田，推动了社会向前发展。由贫穷落后任人宰割的半封建、半殖民地旧中国跨入社会主义新中国，翻身当家做了国家的主人。

第三编★重大历史事件与著名英模英烈事迹

第一章 日本侵略者在瑷珲的殖民统治

瑷珲县是日本侵略中国的重灾区之一。日本关东军侵占黑河后，在瑷珲县区域内圈地、并村，修筑了第6、第7、第13三个国境阵地和多处要塞、阵地、基地。搜罗汉奸拼凑伪政权，并组建了完备的伪宪兵、特务、警察组织，对瑷珲县人民进行残酷的殖民统治、经济掠夺和奴化教育，给全县人民带来了深重的灾难。

第一节 设立伪政权对瑷珲进行殖民统治

一、设立伪政权全面控制瑷珲

自1932年6月至1934年5月，日本侵略者先后占领黑河所属各县，搜罗汉奸拼凑伪政权成立伪县公署，并委任了一批伪县长。1933年春，日本侵略者委任黑龙江省省长韩云阶为参事官，任命冯维德为宣抚员，来黑河对原政权进行改组。撤掉原黑河市政筹备处处长沈庭荣职务，任命冯维德为黑河市政筹备处处长，省咨议单作善为黑河警备厅厅长，接着在瑷珲城（今瑷珲镇）成立了伪瑷珲县公署，杜含英任伪县长，不久又被于莲英接替。日本人近腾清成任参事官，控制掌管全县各方面大权。同年9月1日，伪瑷珲县公署由瑷珲城迁往黑河，黑龙江省驻黑河办事处由伪瑷珲县公署接替。

二、实行保甲制镇压人民反抗

根据伪满政府1933年公布的《保甲法》，对县以下实行保甲制。10户为1牌；村、区、镇区域内的各牌编成甲，伪警察署管区之各甲编成保，分别设牌长、甲长、保长。通过保甲制、连坐制，使瑷珲县人民彻底处于日本帝国主义殖民统治的枷锁之中，一人有“罪”，株连全家，全牌挨罚。据1936年统计，瑷珲县有6保、64甲、656牌。

三、设置机构加大殖民统治力度

1934年12月1日，伪黑河省公署在瑷珲城成立，后移到黑河城里，管辖瑷珲、逊克、奇克、乌云、佛山、呼玛、鸥浦、漠河八个县，钟毓任伪省长。

1939年以后，日本侵略者按照矛头指向苏联的所谓“北边振兴”计划的需要，边境县改由日本人当县长，伪瑷珲县第一任日本人县长为广石郁磨。从1941年起，采取“三位一体”制：由日本人出任伪县长统一掌管伪县公署、协和会、兴农合作社三个组织机构的大权。协和会是一个对人民进行法西斯思想统治，并且广泛参与政治统治和经济掠夺活动的反动组织；兴农合作社是一个从生产和流通两方面对广大人民进行经济掠夺的机构。通过这些组织机构加大了对瑷珲县人民的殖民统治力度。

第二节　日本关东军入侵给瑷珲人民带来的深重灾难

一、借口军事演习将关东军扩大到70万

1940年，德、意、日形成军事同盟。1941年6月22日，日本召开专门会议，讨论进攻苏联计划，并借口关东军演习，将关东军由40万扩编到70万，将中苏边界根据自然条件、战略地位等因素划分为东部正面、东北部正面、北部正面、西部正面四个战区。北部正面即黑河正面、孙吴正面的霍尔漠津、瑷珲（西岗子），在瑷珲县区域内修筑了设施完备、规模庞大的第6国境阵地（即西岗子阵地，包括潮水阵地）。第7国境阵地位于黑河的西南台地，在江岸附近秘密配有大口径远射程炮，可打到苏联的结雅河。第13国境阵地（法别拉）位于北部正面国境阵地最北的据点。加上孙吴县第5国境阵地霍尔漠津，四个国境阵地首尾相连，形成正面宽约120公里，纵深20公里的攻防体系。

1941年，日本关东军抓劳工，在伪黑河省修筑各种军事设施，据不完全统计：修建大型兵工厂2座，大中小型弹药库500余处，黑龙江沿岸修山洞1 250多个，兵营50余处，这些费用都由伪满洲国负担，其实是摊在人民的头上。

二、抓劳工修筑军事设施扩大侵略战争

1933年6月，日本关东军在瑷珲县境内修筑北黑铁路和多条战备公路，把抓来的劳工当牛马一样驱使打骂。饥饿、劳累、疫病时时困扰着劳工，饿死、累死、病死不计其数。以当年关东军军事重镇山神府为例：这里原来是十几户人家的小屯子，被日本

关东军征用后，扩建成近100平方公里的军事基地，到处都是日本关东军的营房、工事，还有军用火车站、军用飞机场、军火库等。1934年日本关东军104师团进驻山神府，师团长为上村千男中将。在山神府一带的山中修筑大量的山洞，用来储存军事物资和当成作战工事。为了保守军事秘密，在工程结束时以枪杀和毒死等残忍的手段将劳工全部杀害。

1933年，日本侵略者推行“北边振兴”计划，瑷珲县成为日本关东军进攻苏联的前沿战略要地。侵略者从内地抓来大批劳工修筑孙吴至呼玛途经纳金口子的军用战备公路。纳金口子村成为修筑孙呼公路和黑嫩铁路支线的重要据点，一座座地窨子、一趟趟工棚子密密麻麻地排在公路和铁路两侧。除了单身劳工外，还有几万人拖家带口的劳工。广大劳工缺衣少食，住的是潮湿的地窨子和八面透风的工棚子，许多劳工患上各种疾病得不到治疗，加上卫生条件极差，患上恶性传染病的劳工，多数在春季到来前后接二连三地死去。据当地老人回忆，春天的凌晨，日本兵押着劳工，赶着牛车，围着劳工住宅区转一圈，把地窨子、工棚子里已死或将要死的劳工，用席子一卷，像码柈子一样装上牛车，运往大河东岸，往山沟里一扔，招来成群的野狼、野狗啃食劳工的尸体。

中国劳工在非人的生活环境中不但要承受恶役的吞噬，还要忍受日本把头的欺诈、盘剥和日本关东军的肆意杀戮。无数不堪忍受日本法西斯奴役的劳工奋起反抗、逃跑，绝大多数的劳工惨死在日军的刺刀和枪弹之下，那些百依百顺的劳工在修完日军工事后，也被日本关东军残忍地杀害。

三、当地人对日本军国主义的血泪控诉

自1936年开始，伪黑河省成为日本侵略者重点移民区。由于

日本开拓团的入侵，使瑷珲县很多农民失去了土地和房屋。这里选录了一些知情人和当事人的揭发和血泪控诉：

关奎英讲：“我自1937年2月至1944年10月在伪瑷珲县公署实业科任科员。我知道中井久二任伪黑河省次长时，于1936年6月至12月领导开拓厅办理移民事宜。名义上采取土地房屋依价收买，而实际上被强迫搬家，指定到一个荒无人烟的地方另建村庄。农民原来的房屋和土地作为移民或军事用地，情景是非常凄惨的。据不完全统计，在瑷珲县被强迫搬迁的有：上马厂50户地60垧、西山后30户地40垧、法别拉74户地90垧、达音炉34户地30垧、大呼屯17户地11垧、大额尼河屯1户地30垧、小额尼河屯12户地10垧，还有托力木、叶集屯、梁集屯、老青屯等户数与地数不详。”

范传译讲：“1939年2月至1942年，我曾在西岗子伪警察中队任过警尉补。当时是中井久二任伪黑河省次长，他以次长职务批准并下令以军事区域为名驱除4个自然屯的百姓，即老青屯、叶集屯、梁集屯、托力木屯。将这4个屯子150多户、649人驱出原住所并用强制手段规定期限内迁到荒甸子上建新村（即现在的新民村）。并说，如过期不搬即用炮弹将房子炸毁！”

陶升平讲：“1939年5月，中井久二任黑河省次长，他派伪省公署开拓厅与伪县公署官员，到我们法别拉村子里，命令6月1日搬迁，并说，你们都搬出去，房屋土地给日本开拓团用。经全村老百姓再三请求，最后延期到12月1日。并告诉我们，到时候不搬的人家就净身出户，屯子周围用铁丝网拉上，谁敢进屯子就用枪打死谁。到了12月1日那天，全村孩子哭、老婆叫地搬出屯子，74户300多口人无家可归，东奔西散，无处投奔的就沿街乞讨或冻死街头。百姓的房屋和土地归日本开拓团了。”

郭万玉讲：“1939年6月，我在西岗子梁集屯居住，我儿媳妇勾彩环（18岁）生孩子刚几天，日本人带着翻译官坐汽车到我家，挎着洋刀带着枪大声说，这里是军事重地，不准你们住这里。限你们10月末搬家，到期不搬，统统地赶出屯去！当时儿媳吓得浑身哆嗦，得了惊吓病死了，小孩没几天也死了。还有我们屯的韩福忱开磨坊，因搬家损失太大，一股急火也气死了。日本人驱逐我们屯26户101口人，霸占房屋108间、400多垧地。”

叶德祥讲：“1939年6月，伪瑷珲县县长和开拓科科长（日本人），坐着汽车到我们西岗子托力木屯说，上7屯下4屯都是军事用地，你们在这里有妨碍，限你们10月末之前搬出去，到期不搬就净身出屯。逼得全屯老少哭的哭、叫的叫，背井离乡，强占我们108间房屋、560垧地。”

第三节　日本侵略者对瑷珲进行经济掠夺

一、掠夺瑷珲县的黄金

“九一八”事变后，日本侵略者把黑河和瑷珲县的采金业作为扩大侵略战争的重要资金来源。日本关东军崎黎大队很快进入逢源金厂，并在厂部向各金厂的山上打炮示威。又以发枪为借口进行枪支登记，把各厂的武器全部缴上来，以控制住各金厂。日军强行在逢源、兴安（罕达汽金矿）两大金厂插牌划界，强占矿区，从东北和关内招来大批工人进行掠夺式开采。在黑河街内成立“满洲采金会社黑河总局”，将黑河一带所有矿区归采金会社所有，并制定严格的管理和满收制度。在采金工人出入的必经之处，设伪警察严格检查，禁止个人带沙金。当时逢源金厂有工人1 000多名，年产黄金1万两，好年头可产2万两；兴安金厂工人最多时有7 000多人，日产黄金最高时曾到过30多公斤，年产黄金5

万多两。据1935年调查统计：逢源、兴安、德源、凌源等7个金厂共得金71 347.9两，绝大部分被运回日本或作为军费。

二、掠夺瑷珲县的木材

伪满时期黑河和瑷珲县是日本侵略者垄断、掠夺黑龙江流域木材的重点区域，他们在这里设立了黑河营林署、林产会社和大林业采伐公司及民间采伐机构。黑河林产会社是垄断木材的专门机构，不论是军需、民需，都要到林产会社办理各种手续。每天经林产会社有两列火车木材向内地和日本运送。

东蒙公司有30多个木场1 000多工人，每年向黑河流送原木10万立方米；盘古采木公司每年向黑河流送原木8万立方米；亲和采木公司每年向黑河流送原木13万立方米；大北采木公司每年向黑河流送原木5万立方米，4个公司有3个是日本人经营，一个是日本人与中国人合营。

为了加快掠夺速度，在黑河设东西牡丹江两个大型木材加工厂和储木场，成立了“牡丹江木材工业株式会社黑河支店”，负责人是日本人古贺勇吉。后来又在东郊黑龙江边新建一个特大型的东牡丹江木材加工厂，从东花园到小黑河屯，占地面积10平方公里，设有火车道，有1 000多工人。加工的半成品和原木装火车运往内地和日本。院内建有小楼，派10多名日军驻防。工人在日本军人、监工和中国把头监视下，每天从事10多个小时的繁重劳动，报酬却极少。

由于过度劳累和生活艰难，并且不满日本监工和把头的压榨迫害，场内经常发生反抗和逃跑事件。1941年春，该厂在小黑河屯子旁边挖排污沟的30多名工人因不堪忍受日伪的奴役，集体越境逃往苏联境内，参加反满抗日斗争。

三、掠夺瑷珲县的粮食

为了最大限度地把粮食掠夺到手，日伪当局在农产品购销方面实行两项残酷的“粮谷出荷”和“粮食配给”政策。它是日本侵略者给瑷珲人民制造的最深重的灾难之一。

1937年“七七”事变后，日本侵略者对农副产品购销进一步实行垄断政策，随着侵略战争的持久和扩大，对粮食由严格控制变成强迫购销。太平洋战争爆发后，实行“决战搜荷方策”，即以“决战下绝对需要之数量”为基础，不管农民手里有没有粮食和年景好坏，一律强行缴纳。伪总务厅厅长五部六藏指示：要加强武力强制出荷，保军需数量完成。据山神府警察队特务主任中岛宗一交代：1943年10月，山神府保长向我报告管区内的农民有逃避农产物出荷的，我召集各甲长、牌长，带领警察用武力强制他们出荷，结果一次出荷200多吨粮食。

日伪一方面强制农民出荷，另一方面对粮食等生活必需品实行“配给制”。配给中国人的粮食质次、量少、价高。城里大人每月9公斤、小孩7公斤；农村大人6.5公斤、小孩6.1公斤。后期越来越少，质量越来越次，经常中断。大米是关东军特殊管制的粮食，平民百姓吃大米饭是“经济犯”。

由于日军围地并村，抢夺马匹，致使瑷珲县土地急剧减少，大片土地撂荒，但出荷粮却年年增加。1941年瑷珲县强制出荷粮200万斤，1942年增加到444万斤，1943年达到519万斤。1935年3月，北黑铁路通车，不断地将瑷珲兴农合作社的粮食用火车运出。1941年太平洋战争爆发，军事用粮剧增，又把瑷珲县境内各军备仓库大量粮食用火车昼夜运出。瑷珲县的人民却吃糠咽菜、忍饥挨饿。

第四节　日伪政府对瑷珲人民的奴化教育

一、推行殖民主义教育制度

日本侵略者用愚民政策和奴化教育摧残中国人民的民族意识和民族文化。日语被列为学校的主课，让学生忠于日本天皇和伪满皇帝，做他们的“忠良国民”。伪黑河省公署教育厅在教育方针中明确指出：要以“王道主义”为教育根本，用“王道主义”建国思想培养学生国家观念，想方设法推行殖民主义教育制度。

二、学校实行奴化教育

为了加强奴化教育，1937年在小学增设了“国民课”。1942年又增设了“建国精神课”，代替了中国的历史、地理课。讲授“日满一心”“日本亲邦”等内容，从一年级抓起，进行奴化教育。

在中学，以新设的“国民道德”为主课，强迫学生信仰日本人迷信的“天照大神”，拥护日本发动的“圣战”。

在国民高等学校里日语是中国语文课时的两倍。在学校强迫老师用日语讲课，学生用日语回答问题，让日语逐渐成为伪满洲国的“国语”1941年2月8日，太平洋战争爆发后，日伪当局把每月8日定为“大诏奉载日”，各机关、团体、学校列队到黑河的日本神社参拜日本“天照大神”。

在中学和国民高等学校，平时由日伪现役军官担任教官，对学生进行军训。春秋两季组织大规模模拟战斗演习。训练期间学生稍有不对则棍棒相加，灌输绝对服从的武士道精神，培养殖民主义的驯服工具。

三、新闻为侵略战争服务

在黑河街内成立了放送局，局长由日本人担任，用汉语、日语、俄语播音。主要播送伪满新京（长春）中央台和日本东京台节目。1941年，黑河成立了“康德新闻黑河报”日刊，主要转载新京“康德新闻社”发表的新闻稿。放送局和报纸宣传的是“王道乐土、日满一心、圣战必胜”等内容，完全彻底地为侵略战争服务。

第二章　黑河及瑷珲人民的反满抗日斗争

有压迫就有反抗。瑷珲县的反满抗日斗争风起云涌，各族人民奋起抵御外辱救我中华。其中，有共产国际情报部在瑷珲的抗日活动；有早期活动在瑷珲县的共产党员；有打响全国抗日第一枪的马占山将军；有东北抗日联军和劳苦大众。他们在艰难险恶的环境中与日本侵略者斗智斗勇，爬冰卧雪不怕流血牺牲，他们的传奇壮举给后人留下了十分崇高的老区革命精神和艰苦奋斗的光荣传统。

第一节　东北抗日战争对全国及世界的贡献

作为第二次世界大战东方主战场的中国东北抗日战场，是世界反法西斯战争的重要组成部分。东北抗日联军是中国共产党领导下的主要抗战部队之一。抗日联军与日军进行了为期14年殊死的艰苦卓绝的武装斗争，把日本侵略者的70万关东军牢牢地拖在了中国东北抗日战场，从而大大减轻了中国关内和世界反法西斯战场上的压力，为全国乃至世界反法西斯战争和中国独立解放做出了不可磨灭的贡献。黑河是伪黑河省所在地，与苏联隔江相望，日军在黑河和瑷珲县境内设有重兵和多处要塞，是东北抗联和民众对日抗战的主要战场之一。马占山将军就是以黑河和瑷珲县为根据地，两次从这里出征，率军上前线抗击日军。抗联三路军二、三支队，长期在这里抗击日本侵略者。1945年8月，抗日联军和当地群众配合苏联红军越过黑龙江，一举歼灭日本关东军，留下了许多可歌可泣的感人事迹和精神遗产。

第二节 共产国际在黑河及瑷珲的抗日活动

日伪时期，日本侵略者视苏联为头号敌人，在中苏边境上频繁地派遣特务进行情报活动。苏联也针锋相对地进行反派遣和反情报斗争。许多有正义感的中国人，为了早日把日本侵略者赶出中国，也参加到这场反派遣、反情报的斗争中，成为反满抗日地下工作者。黑河与瑷珲县因其特殊的地理位置，成为红色特工出入国境的重要集散地。

据不完全统计，此间从事红色特工任务的主要有17岁来黑河投奔叔父的韩子和；“九一八”事变后，来投奔亲属的韩哲一；曾任马占山将军副官处副官、脱掉戎装秘密过江做特工的王玉；生长在黑河，多次与共产国际情报局秘密联络，护送爱国青年去苏联的胡宇翔；瑷珲县视学范革人；十月革命参加过苏联红军中国团、抗战中又以中共满洲省委交通员身份做情报员的张宗伟；出生在黄旗营子，为共产国际工作牺牲了丈夫的王淑霞等。

韩子和，回族，1890年出生于山东省禹城县韩寨。1911年来黑河到对岸俄国秋林皮工厂学徒。1916年与他人合伙在黑河开“双发祥”皮铺。“九一八”事变后，他支持爱国青年的抗日活动，从皮铺支出50元现大洋让他们到苏联学习。韩哲一从苏联回国搞情报，被宪兵队逮捕在东大营候审，韩子和花钱买通一个副官。副官将韩哲一搞情报的相机和底片拿走，使宪兵队没有拿到证据。随后由韩子和出面、黑河回族民众出钱为韩哲一担保，使韩哲一减轻了“罪责”。

胡宇翔，德国日耳曼人，1912年出生于俄国。八九岁时随父亲来华，与父亲走散，被黑河骨外科中医胡桂林收养，起名胡宇翔。日军侵占东北后，胡宇翔、韩哲一、王玉、韩双有（韩子和之子）等进步青年，抗日救国思想非常强烈，他们感到马占山抗日之路行不通，找中国共产党又找不到，于是决定到苏联找共产党。胡宇翔秘密到苏联领事馆联系，得到了支持，接上了关系。1932年，有8名爱国青年在胡宇翔安排护送下陆续过境去苏联，胡宇翔便成为他们在黑河的联系人。1933年日本侵略者入侵黑河后，胡宇翔被日本特务列为“要视察人”。但由于他智谋善断、行踪隐蔽，日本特务没有发现有价值的证据。

韩哲一，回族，山东禹城人。1931年“九一八”事变后来黑河，受马占山江桥抗战影响，与胡宇翔、申吉庆等人一起发起、组织了“抗敌后援会”，进行宣传筹款，开展抗日救亡活动。马占山抗日失败后，经胡宇翔联系去苏联学习，1933年在苏联加入共青团。1934年他被派回黑河收集日军情报，在卡伦山上岸后被王德山出卖，被押回黑河转齐齐哈尔，在牢狱里待了3年。在牢狱期间，他坚持宣传抗日救国的道理，使一名姓董的看守，弃暗投明参加了八路军。“七七”事变后韩哲一出狱回山东加入了中国共产党，并参加了抗日斗争。新中国成立后，曾任华东局书记处书记、上海市委书记等职。

王玉，1910年出生在山东栖霞。“九一八”事变后随马占山将军到黑河任书记处副官。经胡宇翔联系到苏联成为红色特工。1934年到苏联列宁学院学习，同年加入苏联共青团。1936年10月转为共产党员，被党组织派到莫斯科东方大学学习，1939年回国到延安继续参加抗日斗争。历任黑河地区公安局局长、黑河行署专员、沈阳民政局领导等职。

徐日晓，1903年出生于山东省掖县，其父徐翔久为旅俄归国华侨。1921年，徐祥久在黑河创办振边酒厂，“九一八”事变后，徐日晓经胡宇翔介绍加入国际远东情报组织，利用酒厂经理身份作掩护，向苏方提供有关日伪情报。

张宗伟，黑河人，17岁只身到俄国谋生。十月革命爆发后参加苏联红军的中国团，转战各地，在战斗中负伤返回祖国，定居黑河。1929年迁居哈尔滨。1931年加入中国共产党。“九一八”事变后做地下交通员工作。1933年为省委联系上海的交通员，营救哈尔滨市委书记杨易辰，由于叛徒告密被捕。1937年7月，被杀害于哈尔滨太平桥圈河。

王淑霞，又名毛淑霞，1902年出生于瑷珲县黄旗营子村。丈夫毛宗武以开杂货店为生，夫妻都是共产国际情报员。他们以杂货店为掩护，一边为共产国际工作，一边发展了小伙计于德有、采金工人朱贵臣、张凤山为苏联联络员。同时在毛家建立了联络站，从事苏联情报机关至哈尔滨间的情报传递工作。1936年冬，朱贵臣去苏联送情报回来被宪兵队逮捕，毛宗武与弟弟毛宗文两家人越境去苏联。1937年王淑霞回国在哈尔滨做情报工作。同年两次入苏境，丈夫毛宗武遭日军杀害。

范革人，原名范文魁，1934年在伪瑷珲县教育局任视学，同年成为苏联特工人员，随后又发展自己的学生王继尧、傅松岩组成地下秘密抗日小组。范革人利用视学身份到沿江上至三道卡、下至孙吴视察学校的机会，侦察日伪军事部署情况，过江送情报和接受任务。后来受苏方指示组织一个大车队包运嫩江至黑河军用铁路材料，一路了解日伪军驻防情况和军事设施，并把沿路桥梁、山地、河流等测绘下来，受到远东情报部门领导的表扬。

第三节　中国共产党早期发动群众开展的抗日斗争

1931年“九一八”事变后，先后有姚艮、于文志、王复生、陈大凡、李裕昌等多名共产党员来到黑河发动群众开展抗日斗争。1931年11月4日，震惊中外的“江桥抗战”爆发后，马占山的爱国行动极大地鼓舞了爱国志士和广大民众。在姚艮、李裕昌、陈大凡等共产党员领导下，由胡宇翔、申吉庆、韩双有、韩哲一等人发起，秘密串联从哈尔滨、齐齐哈尔等地流亡到黑河的进步学生，组织“抗敌后援会”，创办《民众日报》。他们利用油印小报揭露国民党不抵抗政策，向民众宣传抗日救国的道理，及时刊登马占山江桥抗战和社会各界群众对抗日活动的大力支持和赞助等进步内容。

江桥抗战失败后，马占山一度“投日”，激起国人的疑惑和不满。1932年2月5日，共产党员于文志返回家乡瑷珲城，在黑河、瑷珲一带，开展地下抗日宣传工作。1932年3月9日，在伪满洲国宣布成立的当天夜里，以姚艮、李裕昌为首组织兵变，试图把马占山驻黑河一个团的兵力拉出来，组成一支抗日的队伍。部分驻鸥浦、呼玛和黑河沿岸的边防部队集聚黑河发动兵变。愤怒的兵变士兵捣毁日本人的妓馆、酒楼、商号，杀奸商、诛顽劣。在黑河没被处决的大批日本人仓皇出逃，混迹其间的日本特务逃到对岸才得以活命。

由于组织兵变经验不足，准备仓促，加之部队成分复杂，兵变失控。10日晨，兵变士兵对黑河城内银行、商店、富户大肆抢劫。黑河兵变虽然失败，但却是黑河人民第一次开展的反满抗日斗争，在黑河民众之中播下了反满抗日的种子。

1932年4月，马占山在黑河再次举起抗日救国大旗。在社会各界欢迎马占山的大会上，中共党员姚艮登台激情讲话，号召广大民众团结一心，打倒日本帝国主义，不当亡国奴，坚决拥护马占山将军的抗日救国活动。与此同时，《民众日报》复刊，“抗敌后援会”又开始活动。他们还自编自演话剧，在街头巷尾宣传抗日救国的道理。

4月下旬，姚艮说服在黑河金矿监察局任职的伯父姚介忱，将黑河盐仓缉私队的40余支枪贡献出来，组织了一支以进步青年学生为主体的、50多人参加的“东北民众抗日自卫军”。姚艮、李裕昌、陈大凡为自卫军的主要负责人。6月，陈大凡被马占山任命为绥滨县县长，这支队伍被带到绥滨县。

1932年9月25日，姚艮、李德才到达苏联，没有得到支持和信任。后来，姚艮在苏联被错误地当成日本奸细，被捕入狱服刑5年。1938年释放回国，1945年12月恢复组织关系。新中国成立后，姚艮曾任公安部办公厅副主任、主任等职。

共产党员于文志回黑河一带开展地下工作。1932年离家后，在绥滨与陈大凡一起共同抗日。由于日军的包围，抗日活动十分艰难。陈大凡、于文志的队伍被围在山里，皮带、皮包都吃尽了，最后决定突围到苏联去。突围时部分同志阵亡，于文志不知去向，新中国成立后我党通过各种途径寻找，苦觅无果。

中共党员王复生，按照党组织的部署从齐齐哈尔来黑河开展抗日活动，被马占山聘为省政府顾问。当时交通已被日伪军封锁，抗日部队断了粮草，官兵以马料为食，马占山一筹莫展。王复生看到抗日部队忍饥挨饿非常着急，他找到中共党员“广发祥”糕饼店老板、中苏两党联络人王国华。经王国华协调，王复生到苏联驻黑河领事馆为马占山抗日部队筹集粮食和武器弹药。领事馆通过苏联外交部，很快解决了大量面粉，并将1930年“中东铁路战争”中，苏军缴获东北军梁中甲所辖旅的武器，归还给马占山部队，缓解了马占山抗日部队的燃眉之急。

北满抗日义勇军受挫后，王复生从黑河历尽艰险徒步绕返齐齐哈尔继续开展抗日活动。他与金剑啸等中共党员秘密宣传反满抗日，发展党员。1936年6月王复生被日军逮捕，在一个多月时间里对他刑讯18次，逼他说出地下党组织和抗日活动情况。他视死如归，严守党的机密。1936年8月15日王复生在齐齐哈尔北门外江坝被日军杀害，牺牲时年仅40岁。

1932年6月，马占山任命陈大凡为绥滨县县长。随后他带领爱国学生50多人组成“东北民众抗日救国军”（后改为自卫军），从黑河向绥滨出发。一路上向民众进行抗日救国宣传。1932年8月20日，陈大凡在绥滨县成立抗日政府，抗日自卫军很快壮大到1 000多人。1933年3月17日凌晨，驻富锦日军小宾司令集中1 000多日本兵，向绥滨县政府进发。抗日部队用简陋的武器同敌人进行英勇战斗，在两天半的时间里打退敌人一次又一次进攻。经过惨烈的战斗，由于敌我力量悬殊，抗日部队最后败退，陈大凡负伤到苏联救治。新中国成立后，陈大凡被任命为黑龙江省政府主席。

第四节　爱国志士及抗联部队在瑷珲的抗日活动

一、马占山将军率领部队抗击日本侵略者

马占山，1885年生于吉林省怀德县一户贫民家庭。童年给地主放马，18岁那年，因被诬告盗马愤而离家，投奔黑虎山为寇。他为人豪爽讲义气，不久被奉为头目。后投奔张作霖官升管带，1930年任黑龙江省步兵第三旅旅长、黑河警备司令。

1931年“九一八”事变后，由于东北军的不抵抗政策，不到一周的时间，我国辽宁、吉林两省就沦陷为日本帝国主义的殖民地。洮辽镇守史张海鹏叛变，黑龙江省政府主席万福麟长期避居北平，日本关东军又准备大举进攻黑龙江省。当时黑龙江省群龙无首，10月10日，张学良从北平来电任命马占山代理黑龙江省主席兼任东北边防军驻黑龙江省总指挥。这时，日本关东军与伪军张海鹏部队向嫩江桥进犯，企图攻陷齐齐哈尔。

受命于中华民族危难之际的马占山接令后立即从黑河出发，经哈尔滨抵达齐齐哈尔抗日前线，并宣布：倘要侵犯我疆土及扰乱治安者，决以全力铲除之，以尽保卫地方之责。11月4日中午，日军开始大规模向嫩江江桥进攻，马占山将军下令守桥部队还击，打响了中国抗日战争的第一枪，首战告捷，喜讯传遍全国。上海各界救国会募款援助，并由《生活》周刊主编邹韬奋经手转寄，当时上海还生产出“马占山牌香烟”。东北和全国各地的爱国青年，组成“学生团”“援马团”“义勇军”等，纷纷表示支持马占山将军的抗日斗争，海内外各地声援电报，像雪片般寄来。

江桥抗战中，官兵奋勇杀敌，在武器装备大大落后于敌人，兵力不足敌人三分之一的情况下，击毙日军2 000余人，击伤4 000余人。马占山部队伤亡2 000余人。江桥抗战，是东北军爱国官兵违反不抵抗政策，自动奋起抗击日本侵略者的壮举；是日本侵略者发动“九一八”事变以来，遇到我东北爱国官兵的一次大规模抵抗，极大地鼓舞了全国人民的抗战决心。但由于国民党政府的消极抵抗政策，势孤力单的马占山难以抵御日军的侵犯。历经16天的江桥抗战，无奈以失败告终。马占山部队指战员，带着伤痕和征尘退离齐齐哈尔市，但江桥血战救国的精神万古流芳。

1932年2月24日，马占山一度变节出任伪黑龙江省省长，日方处处要挟控制马占山，要求编遣他的部队。正在彷徨之时，张学良派遣黑龙江省原税监局局长韩立茹潜回齐齐哈尔劝说马占山。随后，马占山以巡边安民为名，4月2日夜密令部队200余人开出齐齐哈尔，自己率20余人乘车先到拜泉，同仍然高举抗日义旗的李杜会面，共商抗日大计。4月7日，马占山到达黑河，17日重组黑龙江省政府，同时揭露日本帝国主义制造伪满洲国的阴谋，表示："占山一息尚存，誓本以身许国之初衷，绝不负其许之意。"同时发表对绅商、工农、市民的公告，号召各界人士积极援助爱国抗战事业。5月14日，马占山在黑河举行抗日出征誓师大会，15日率军出发到前线抗敌。

黑河的日本特务早已把马占山率军抗日的情报传递给日本关东军，侵略者提前做好了准备，使马占山的部队处处遭到阻击。马占山带领部队在克山、克东、通北、通河一带开展游击战。在此期间虽有小胜，但始终处于日军围追堵截之中。当部队转战到小兴安岭西侧罗圈甸时被敌人包围，部队死伤过半被打散，马占山仅率领10余骑兵突出重围，最后进入苏联。后来他回到中国察哈尔一带，与傅作义将军汇合，共同抗日。

二、当地民众在瑷珲县的抗日活动

瑷珲县上马厂村三面环山与苏联隔江相望，江面只有几百米宽，是抗日联军去苏联的渡口。抗日名将张光迪、陈雷带领抗联战士就是取道上马厂村，在当地老百姓掩护帮助下，躲过日本关东军"讨伐队"以及日伪特务、宪兵、警察的围追堵截，出境进入苏联休整的。

抗联干部和战士的抗日宣传，激发了当地人民的抗日救国热情。上马厂村村民刘仁义召集10多名年轻力壮的小伙子，来到孟保长家表明同日本侵略者斗争到底的决心，劝说他给予应有的支持。之后秘密成立起抗日小分队，与日本侵略者展开了游击战。1943年8月，他们偷袭了日本军营放火烧掉日军一吨多粮食，烧死一个日本兵。两个月后，又歼灭了一个日军8人组成的巡逻队，烧毁3辆日本军车，缴获8支枪和一批子弹。次年7月，小分队袭击了日本警察队，击毙6个警察。队员冯成茹用刺刀刺死日本队长渡边后，在抗日组织和群众的掩护下去了苏联，成为苏联红军某司令部的一名汉语翻译。抗日小分队的成员除了冯成茹以外，全部在对日军作战中牺牲或被日本侵略者杀害。刘仁义被捕后，在日本侵略者残忍的刑讯下坚贞不屈，最后同另一位村民一起被日军扔进黑龙江中牺牲。

三、抗联三路军在瑷珲县境内的抗日斗争

日伪时期，战斗在瑷珲县的抗日队伍主要是东北抗日联军三路军三支队。支队长王明贵，参谋长王钧。1941年6月苏德战争爆发，为了把日本关东军死死地拖住，支援中国关内和世界反法西斯战争，减轻他们的压力，东北抗日联军更加积极主动地抗击日本侵略者。三支队坚持在大小兴安岭一带开展游击战，重点破坏日伪的交通、金矿、伐木点，阻止日本侵略者为扩大侵略战争而加紧对黑河及瑷珲县的资源掠夺。

（1）偷袭罕达汽金矿。1941年6月中旬，抗联三支队决定袭击瑷珲县境内的罕达汽金矿（兴安金厂）。这里是日伪在东北开的一个重要金矿，有驻军保护。经过几天的长途跋涉部队到达阿拉汽沟遇到两名伐木工人，问明情况后并请他们当向导。部队在一个炭窑吃过午饭后认真地研究了作战方案，决定兵分两路：一路由七大队攻打矿务局伪军；一路由八大队攻打日军守备队。

为了不被敌人发现，抗联部队躲开大道，抄小路翻山过河奔向罕达汽金矿。夜幕降临后，部队来到了灯火闪烁的矿区附

近，经过仔细观察，支队长王明贵命令部队立即投入战斗。抗联部队砍开铁丝网冲进矿区，七大队用机枪、手榴弹封锁住伪军炮台，搭人梯进入院内大喊：“缴枪不杀！”大部分伪军纷纷举手投降；八大队用猛烈的火力封锁住日军守备队，使其龟缩在院内。突然袭击，猛冲猛打，把日伪军打懵了，纷纷向南逃窜。三支队攻占了伪矿务局，缴获100多支枪、子弹15 000余发、马34匹、白面400斤、米250斤、棉布5匹、盐250斤、猪肉300斤、衣服250套、胶皮鞋50双、表8块、黄金10余两、伪币万余元和一些其他战利品。

三支队连夜在罕达汽金矿召开了采金工人大会，向他们宣传抗日救国的道理。临行前烧毁了伪矿务局、警察队、日军守备队的房子，破坏了采金船，天亮后我军带着战利品迅速撤离。

（2）袭击山神府道班。罕达汽金矿战斗结束后，抗联三支队迅速转战瑷珲县山神府一带。由于是长途奔袭，日军一点儿也没察觉到。当时，小股日军押着中国劳工在野外修建山神府至黑河的铁路。抗联部队突然到来，把日军打得死的死逃的逃，三支队对工人进行一番抗日爱国教育，缴获一些帐篷后立即转移。神武屯日军得到消息后立即派出“讨伐队”追击抗联三支队，三支队在锅里山设伏，打掉了一部分“讨伐队”，缴获40余支枪，后迅速撤离。

（3）抗联三路军三支队与日军的苦战。为了“讨伐”抗联三支队，日军曾多次组织日本守备队、宪兵队、黑河满洲宪兵分团，以及瑷珲等县的国境警察队，组成多个“讨伐队”联合起来企图剿灭抗联三支队。铃木喜一中佐组织不明真相的鄂伦春族山林队70多人编成“讨伐队”，跟踪抗联三支队。几个“讨伐队”将三支队包围在塔源附近的胡楚河边，战斗从中午打到深夜，场面十分惨烈。此役虽然给敌人以很大杀伤，但由于敌人熟悉地形，人数众多四处截击，抗联三支队牺牲66人，被俘2人；损失机枪4挺、手枪5支、大枪68支、战马86匹；大队长徐保和、副官高邦华在战斗中牺牲。

王明贵、陈雷、王钧带领60余人刚刚突出重围，又与井泽“讨伐队”遭遇，战斗双方互有伤亡，抗联战士又牺牲4人。途中又与日伪“讨伐队”遭遇激战，支队参谋长王钧腿被打断，警卫员牺牲。王明贵、陈雷组织战士猛烈反击，奋力救出王钧带队转移。不幸又与铃木“讨伐队”遭遇，三支队牺牲20多人。1942年2月3日，部队转移到三间房一带，与日军丸山“讨伐队”激战后，甩掉敌人。三支队多次摆脱敌人的围追堵截，于18日袭击了盛山“讨伐队”，将“讨伐队”队长锹田德次打死，并带走两个警士。随之，三支队40余名战士在王明贵、陈雷的带领下转移到黑龙江边，又与铃木“讨伐队”激战后，转移到苏联休整。

1945年8月8日，苏联宣布从8月9日起对日本进入战争状态。8月9日上午8时，两架苏军侦察机越过中苏边境，在黑河上空盘旋一圈后返回苏联。两个小时后，苏军派出18架轰炸机，在火车站、飞机场、日本军营等设施上空进行扫射轰炸。

8月9日零时，远东苏军司令华西列夫斯基元帅一声令下，苏军沿着中苏、中蒙、中朝边界向日本关东军发起猛烈进攻。8月10日上午10时，苏军坦克、大炮等搭乘红旗黑龙江舰队独立登陆驳船中队的驳船渡江，在黑河西牡丹江登岸。

8月10日下午至深夜，苏军在各渡口集结。11日，苏军远东第二方面军红旗第二集团军所属第三九六步兵师和第二五八坦克旅，在集团军司令捷列钦（坦克）中将、军事委员纳亲金少将、参谋长莫日阿耶夫少将的指挥下，在第三九六步兵师师长弗契金上校率领下，从黑河对岸布拉戈维申斯克地区渡江，在黑河一侧的黑龙江沿岸登陆。12日，苏军第三九六步兵师和二五八坦克旅开始向瑷珲筑垒地域西岗子阵地进攻，除步兵外的兵器有：火炮、迫击炮1 270门，坦克、自行火炮240辆。战斗一打响就十分激烈残酷。日军凭借着坚固的工事与苏军展开厮杀，有的苏军阵地得而复失。8月13日，苏军从全线进攻改为定点清除，一条战壕一条战壕与日军争夺，猛烈的炮火打得日军抬不起头来，被迫转到地下工事进行顽抗。苏军用火焰喷射器和集束炸药包攻击日军。

8月15日，日本天皇宣布无条件投降，但西岗子据点内日军不知道，继续进行顽抗。15日至16日，阵地争夺战达到了高潮，日军不断地进行反冲锋争夺失去的阵地，都被苏军的炮火打了回去。在空军的掩护下，苏军一次又一次地向要塞发起进攻。在攻克前沿阵地后，苏军步兵在坦克的掩护下向阵地纵深发起进攻。苏军前锋部队的几次冲锋被打退，后面大部队蜂拥而上，苏、日两军混杂在一起，展开白刃战。战斗异常激烈，苏、日双方伤亡都很大。最终，苏军将胜利的旗帜插在日军的东山与北山阵地上，日军全部龟缩在地下工事里，成了瓮中之鳖。与此同时，苏军先遣部队在陡沟子和二站遭到了日军的顽强阻击，但在苏军的立体攻击下，8月19日，残余日军全部投降。

19日，苏军用飞机将日本天皇投降诏书、关东军无条件投降的命令和苏军要求在8月20日0时前放下武器的命令，空投给阵地上的日军，然后总攻打响。日军凭借秘密坚固工事，继续负隅顽抗。苏军采取全面封锁、日夜围困战术，割断地下日军与孙吴及外地日军一切联系，断绝水电、氧气和取粮之道，使其无法生存下去。8月22日，地下工事的日军缴械投降。

苏军从四面八方冲上阵地欢呼胜利，日军4 520人被俘，瑷珲筑垒地域守备队日本关东军独立第四军第一三五独立旅全部覆灭。瑷珲县抗日战争结束。

第三章　抗战胜利后中国共产党进驻黑河建立政权

王肃等中共干部是黑河和瑷珲建党、建军、建政的开创者和奠基人。他们响应党的号召来瑷珲县开展工作，在极端恶劣的自然环境和生活环境中坚持工作；在十分复杂险恶的政治环境中，进行艰苦卓绝的斗争。在清剿土匪的浴血奋战中，包括王肃司令员在内的许多同志把满腔热血洒在了北疆大地上。

第一节　日本投降后黑河政局动荡不安

苏联红军占领黑河后，对黑河实行了军事管制，在萨哈亮饭店设立了苏联红军卫戍司令部，司令员为上尉郭罗温。

苏军出兵黑河，原日伪时期的瑷珲县县长（日本人）逃走，副县长付广义仍然维持着县政府工作。伪黑河商会会长孙宝基为了达到乱中夺权的目的，抢先渡过黑龙江，与阿穆尔州苏军交涉后，苏方临时委任他为瑷珲县县长，组织成立了伪瑷珲县政府，为迎接国民党中央军做准备，以便请功领赏。

一些上层土豪劣绅及日伪残余不甘心退出历史舞台，他们见机行事，极力向苏军献媚。1945年8月10日，伪黑河街长何绍先、工商会会长孙毓藻等，出面与苏军司令部联系。得到支持后，当即组织了“黑河临时治安维持会”，进而建立了反动武装“黑河保安队”，大队长范永昌（伪警佐、山林警察队队长），下辖两个中队100多人，多数是日伪时期的军、警、宪、特。

国民党政府与苏联签订了《中苏友好条约》，并谋划接收东北重要城市，在这样的背景下，一些人在瑷珲积极筹建反动的国民党地方组织，为迎接国民党做准备。1945年9月20日，伪黑河省公署社会股股长张兆林，受命从长春回到黑河筹建国民党组织。9月末，伪黑河省公署民政股股长李秀东从哈尔滨回到黑河。张、李二人用拉关系的手法，大肆进行组建活动，到10月中旬发展国民党党员百余人，并决定在中学组建“三青团”，在黑河城内和农村建立外围组织。国民党黑河党部还于10月10日公开举行游行示威，大肆宣传“三民主义”、蒋介石和中央军，高喊反动口号，一时间，反动势力甚嚣尘上。

日本投降后，使黑河和瑷珲县局面更加动荡不安的还有土匪武装。东北光复后，部分伪军、警、宪、特残留本地，他们趁机网罗土豪劣绅、伪军、伪官吏、铤而走险的流氓无产者，搜集枪支弹药，抢夺马匹资财，拉起队伍结成几十、几百人的土匪武装。土匪刘山东（刘光才）活动在包括瑷珲县在内的黑龙江中上游区域，啸聚山林、打家劫舍、残害百姓。有的土匪受国民党东北行营加封，以迎接中央军为目的，称“光复军”“挺进军”，成为政治土匪。匪患猖獗使黑河与瑷珲县的政局更加动荡不安，给中共干部开辟黑河与瑷珲县革命根据地制造了重重障碍。

第二节 中共干部在黑河建立民主政权

一、抢时间做好建立根据地的准备

1945年9月19日，重庆谈判正在进行中，中共中央根据国共两党斗争形势的变化和争取东北战略思想的需要，发出了《目前任务和战略部署》的指示，提出了“向北发展向南防御”的战略方针。在战略部署上，向北发展，就是集中统一调集大批主力部队、党政干部迅速北上，全部控制热河、察哈尔两省，力争控制整个东北地区。发动群众，扩大军队，建立东北战略根据地。为此中共中央从山东、华中、华北解放区调集十万主力部队和两万干部，从海、陆两路挺进东北。按照朱德总司令的指示：“抢时间，争地盘，发动群众，建立根据地。”

挺进东北是王肃在抗日战争胜利后接受我党我军委派的第一个任务。他带领新婚第三天的妻子马景明和其他北上的干部一起赴东北迎接新的战斗任务。

王肃是黑河地区第一任工委书记、军分区司令员兼政委。1914年4月3日，出生于辽宁省新民县二区金牛录村的一户贫民家中。1934年考入北平东北大学法学院边政系俄文组。时值国难日深、华北垂危，王肃挺身参加了“一二·九”和“南下请愿”等抗日救亡运动。“七七”事变后毅然投笔从戎参加八路军奔赴抗日前线，浴血奋战在华北敌后战场。历任晋察冀第三军区部队宣传科科长、团政治部主任、团政委等职。

王肃与马景明同志奉命北上，路过家门而不入，继续北上到北安（黑龙江省工委所在地）。省委领导考虑黑河地区紧靠苏联，地理位置十分重要，王肃又会俄语，决定任命王肃为中共黑河中心县工作委员会书记、人民自治军司令员兼政委，带领李银全、王文彬、刘挺进、何学东到黑河地区开展工作。王肃一行在北安见到了前来迎接他们的胡宇翔同志。

1945年11月，王肃一行同胡宇翔一起乘坐闷罐车向黑河出发。途中李银全下车，只身留在孙吴县开展工作。其余人员到黑河后，先住武庙屯东大庙，接着又转到韩子和家。

韩子和在马占山抗击日军时，曾经给马占山骑兵马队以物资支持。其家是爱国抗日青年聚会的场所，其子后来参加苏联红军牺牲在苏德战场上。

听说王肃等人来黑河建立新政权，韩子和怀着对共产党的信赖，当即表示全力支持王肃的工作。当晚，把他们一行6人秘密接到自己家中，吃住样样照顾得很周到。当时社会局面很乱，时刻保持警惕的王肃半夜醒来，发现有人在院内悄悄走动，随手从枕头底下拿出手枪，轻轻走到窗前向外张望，原来是韩子和老先生在为他们放哨。王肃来到院内激动地说："韩大爷快进屋暖和暖和吧！"王肃把手枪递到韩子和手上说："这支手枪是我抗战时缴获的战利品，我把它送给您吧，您老可以防身用。"韩子和说："好吧，你们就住在我家，家里住的地方多，我可以用它来为你们站岗放哨。"

王肃与同来的人及胡宇翔商量，只有先争取到苏联红军驻黑河司令部的支持，才能赢得黑河建政的主动权。经王肃、胡宇翔多次与驻黑河苏军司令部联系洽谈，拉近了我党与苏军的距离，得到了他们的支持。经与苏联红军司令部和黑河维持会交涉，王肃等人在韩子和家居住10多天后，为了工作方便，移居到苏联红军卫戍司令部道南楼下两间屋子里。

对共产党的到来，维持会与伪县公署人则恨之入骨，国民党、汉奸、土匪串通一气，矛头直指共产党和八路军。城外土匪打着国民党的旗号伺机消灭前来接收和开辟黑河工作的王肃等人；一些群众对共产党、八路军不了解，加上反动派造谣诽谤，错误地认为共产党、八路军长不了。

开辟黑河工作阻力重重，王肃彻夜不眠，想尽办法解决面临的问题。经开会研究决定：首要任务是站稳脚跟。王肃说：“我们要分头深入群众宣传调研，宣传共产党的主张、任务和政策。让群众了解，只有跟着共产党走才能不受剥削压迫，才能翻身当家做主人。”王肃他们不顾自身安危，迎着寒风，踏着积雪日夜奔忙在街头、巷尾、工厂、学校。用通俗易懂的语言向群众宣传共产党的方针政策，深刻揭露国民党反动派压迫人民、妄图挑起全面内战的罪行。同时，王肃派王文彬到维持会做调查研究工作，抓社情、敌情，做公安工作；刘挺进去张地营子区发动群众，建政扩军；何学东仍做王肃警卫员，兼做一些事务性工作。共产党工作队牢记目前的主要任务是抢时间、争地盘，发动群众做好建立根据地的一切准备工作。

二、组建人民武装按下钉子站住脚

为了加强共产党在黑河的力量，省工委派岳林、薛志侠、张继成、杨国彬、邓秀江、李英、赵廉等人到黑河工作。

岳林，吉林省扶余县人，曾就读于北平东北大学。1938年奔赴延安，加入了中国共产党，在清凉山延安解放日报社工作。1942年离开延安到阜平晋察冀中央分局任交通站站长、秘书长。在阜平他与北平大学毕业的共产党员李英结婚。1945年9月6日，晋察冀东北工作委员会组成的东北干部团一行70余人，由岳林带队到东北建立革命政权。一路边打边走，徒步两个多月在11月末和张继成、邓秀江、李英等人到了黑河。

薛志侠，陕西省韩城县人，1935年参加革命，第二年加入中国共产党，曾任游击队指导员、县委宣传部部长等职。1945年11月下旬，与岳林、张继成等人一起进入黑河。

张继成，出生在湖北省大悟县的一个贫苦家庭。14岁参加红军打土豪、斗地主、分田地，南征北战。参加了第二、第三、第四次反“围剿”和举世闻名的二万五千里长征。他先后当过连长、营教导员，“七七”事变后奉命离开延安到山西侯马镇，任十八集团军总司令部特务团一连指导员。1937年末，特务团与日本板垣师团相遇，战斗打了一天一夜。当时，朱德总司令、左权副参谋长和张继成所在特务团一起与日军作战，狠狠地打击了日军。战斗结束后，奉命在介休县打游击。当时他任营长，在一次战斗中身负重伤，被送到阳泉养伤。1944年到延安党校学习，1945年8月和林一心一起到达北安。后来，根据省委决定与岳林一起到黑河工作。

肖敬若，祖籍四川省阆中县，1936年参加革命，1938年1月加入中国共产党。先后在部队任宣传干事、队长、股长、巡视员。1945年12月上旬进入黑河。

李冷斋，1918年1月出生于河南省安阳县。参加革命后，经安阳县县委书记李艺林介绍，通过层层封锁线进入陕西省屯留县抗大学习。1939年毕业参加抗战工作，1940年加入中国共产党。1943年5月到延安党校学习和工作。抗日战争胜利后，他同东进干部团开赴东北建立民主政权，12月上旬同肖敬若等6人进入黑河。

我们党的干部进驻黑河后，遵照省工委“建立人民武装，按下钉子，站住脚”的指示，首要任务是建立人民武装，牢记“枪杆子里面出政权”。全体工作人员深入基层发动群众“参军参政”，着手组建自己的军队。在胡宇翔的陪同下，王肃多次到苏军司令部、黑河维持会洽谈，得到了苏军的允许。他们按照上级政策和指示，成立了中共黑河中心县工作委员会（地工委），王肃任书记，岳林任副书记，薛志侠任委员。同时，建立黑河人民自治军司令部，王肃任司令员兼政委，岳林任政治部主任，张继成任参谋长，并决定立即进行招兵建军工作。1945年11月19日，黑河人民自治军司令部的牌匾正式挂出。

黑河人民自治军司令部牌子挂出的第二天，有一位30岁左右的工人来到司令部要见王肃司令员，表示要报名参军，王肃司令员亲切地接见了这位前来报名参军的人。王肃问："你叫什么名字？为什么要来参军？过去你都干过什么？"来人回答："我叫张泉山，吉林柳河人。过去曾参加过东北抗日联军，给抗日英雄杨靖宇将军当过警卫员。杨靖宇将军牺牲后，在一次战斗中我们的队伍被打散，和部队失去了联系，我就到黑河当劳工避难，以采金、放木排为生。"王肃说："既然如此，你先回去，明天给我带几个人来。"次日，张泉山带着几名年轻的放木排工人，来到司令部找王肃要求当兵。

见到几名工人主动要求当兵，王肃心里很高兴，问道："你们为什么要参军啊？"他们说："给日本侵略者当苦力，受尽了苦头，日本投降了，我们可解放了！听说关内老八路来黑河了，我们高兴得一夜没睡好觉，就派张泉山先来看看情况，是不是真的？你们果然是共产党、八路军。"王肃和张泉山谈了很久，王肃说："只有你们几个人还不够，你带他们回去继续做动员工作，让你们了解的好人来报名参军。"王肃最后说："你能发动多少人来参军？够一个连就叫你当连长。"

经过张泉山等有影响的工人回工棚子串联、动员，不到一个星期，报名参军的有40多人，他们是最早加入黑河人民自治军行列的进步群众，花名册上记下了他们的名字：张泉山、周学臣、荣雅轩、施建国、王家聪、景春荣、李瑞臣、宋瑞生、宋云生、王世昌、李世增、姜吉庆、甘显明、栗天才、王德、王贵、高殿祥、周连仲等人。

在大家的动员发动下，十几天的时间就招收200多人前来参军。王肃、岳林、张继成等人研究决定：组建黑河人民自治军司令部警卫连，任命张泉山为连长。

1945年12月，王肃等领导同志经过研究，接收了傅振林带骑兵连投诚。傅振林绰号九江，吉林省农民，日伪时期被日军抓劳工到西岗子煤矿出苦力，后来给后欢洞李家地主扛活。迫于生计与煤矿工人和当地农民60多人上山，投靠匪首压东边当了土匪。11月初，傅振林得知王肃等共产党、八路军来黑河，决定弃暗投明，他说服了压东边后，与自治军协商投诚。投诚后改编为自治军骑兵连。压东边为连长，傅振林为副连长。但压东边政治不可靠，又抽大烟。后来自治军司令部采取给吃给喝的办法将其收养控制起来了，骑兵连由傅振林亲自指挥。我党有了自己的武装，并逐渐地壮大起来，真正地贯彻落实了省委“建立人民武装，按下钉子，站住脚”的指示精神。

三、建立黑河和瑷珲人民民主政权

1945年11月19日，根据省政府命令，成立了黑河第一个人民民主政权——黑河地区行政办事处，胡宇翔任办事处主任，李冷斋任办事处副主任。办事处建立的第二天，又成立了瑷珲县政府，肖敬若为首任县长，同时接管了何绍先、孙毓藻等人把持的黑河维持会与伪县政府，解散了范永昌组织的保安队，建立了以中共干部为队长的公安队。

正当黑河人民在我们党的领导下，革命力量蓬勃发展的时候，突然接到苏联卫戍司令部的通知：国民党要来接收黑河。根据苏联与国民党政府1945年8月签订的《中苏友好条约》，苏军要向国民党交权，要求共产党必须退出黑河。在这种情况下，人民自治军司令部于12月底撤至上二公屯，公安队撤到小黑河屯。城内反动势力感到有机可乘，又重新活跃起来，保安队死灰复燃，范永昌又当上了保安队队长。

为了保存实力，扩大共产党的影响，黑河地工委决定将搞地方政权工作的薛志侠、李冷斋、肖敬若、胡宇翔等人留在城里，继续开展斗争。根据苏军司令部的要求，黑河地工委于1946年2月13日决定，将黑河地区行政办事处与瑷珲县政府合并，改名为黑河治安维持会，并临时委任肖敬若为主席，傅广义、徐日晓为副主席。这样，选举治安维持会主席、副主席就成了这场斗争的焦点。经过一场激烈的争夺人心的较量，中共干部肖敬若当选为维持会主席，李冷斋为副主席，中共干部终于掌握了维持会的大权。1946年3月中旬，在苏军司令部的支持下，公安队将保安队缴械，4月1日取消维持会，恢复黑河地区行政办事处与瑷珲县政府，办事处主任李冷斋，瑷珲县县长仍为肖敬若，稳固了新的政权。

四、重视统战工作争取各方面支持

王肃等共产党人高度重视抓好统战工作，斗争形势和革命实践使他们深刻认识到，只有建立好统一战线，把方方面面的积极性都调动起来，团结在共产党的周围，支持共产党的工作，一心一意跟共产党走，属于人民胜利的那一天才会早日到来。工作中，王肃首先想到了爱国开明人士韩子和与于多三。

韩子和（1890—1947年），回族人，曾在日伪时期对抗击日本侵略者做出很大的贡献，王肃初到黑河，韩子和就积极支持中共开辟黑河的工作，发挥了十分重要的作用。如果说韩子和是当时爱国爱党的开明人士及领军人物，那么于多三就是当时黑河满族和鄂伦春族人民的精神领袖。在新中国成立前夕的黑河，鄂伦春族是一支强悍的力量，能否得到他们的支持与信任，是关系到全区政治局势的稳定与和谐发展的关键所在。在鄂伦春族人心中，于多三有很高的威望。

于多三，满族，依勒库勒氏，正蓝旗人，1866年生于瑷珲城，幼年家贫无力上学，在家中自学满文。20岁时，在瑷珲旗务处，擅长写满文文件。后因工作需用汉文，边工作边学习，几年后学成，能用汉文独立拟稿成文。清末，历任黑龙江城（瑷珲城）正蓝旗佐领，镶白旗、正蓝旗佐领及旗务处帮办。民国初期任黑河道尹公署科员，总管全区旗务。1922年，调任黑龙江库玛尔格鄂伦春协领公署协领，并授予记名副统衔，享正三品从二品待遇。管辖漠河、鸥浦、呼玛、瑷珲、嫩江等县山林中的鄂伦春族的四旗八佐，掌管500披甲（兵丁）的军政大权。

王肃知道，只要能得到这两个人的鼎力支持，团结各民族有识之士，再取得黑河广大人民的信任和支持就容易多了，统一战线的目标必定能早日实现。于是，他决定去拜访黑河地区这两位有威望的名人。因为中间有胡宇翔的搭桥，王肃与韩子和的相识就非常顺利。开辟黑河工作的第一步就得到了当地名人韩子和的支持。

为了供给自治军骑兵的军需，韩子和把各家皮铺的皮张集中到“双发祥”，制作皮带、马具等。制出的成品一部分无偿地赠给了自治军，一部分只收成本，有力地支援了剿匪斗争。由于韩子和的带动和影响，黑河的回族群众成为以王肃为核心的共产党艰苦开辟黑河的一种赖以壮大、发展的民族力量。

相比与韩子和的顺利交往，对于多三的拜访就是一波三折了。起初，于多三闭门不见。王肃经过多次拜访，终于打开了于多三家的大门。见面后，于多三对统一战线工作既不表示支持，也不表示反对。在一次次的拜访中，于多三的话渐渐多起来，王肃等人才知道于多三思想开放而且很健谈。谈话中了解到于老先生的两个儿子都参加过抗日战争。次子于文志是早期共产党员，1932年党派于文志回黑河做抗日地下工作，后因与日军作战，队伍被打散，至今下落不明。于多三想念儿子，终日忧虑，十分痛恨日本侵略者。

最后，我党邀请于多三到黑河的会面非常成功。于多三表示愿意加入革命队伍，坚决支持共产党的统一战线工作，王肃、李泠斋恳请他继续为革命工作。他表示坚决拥护党的领导，但因八十高龄体弱请辞。

回去不久，于多三专程来黑河，办理交接协领公署事宜。他和长子于文华把十几箱协领公署的文档、材料交给王肃和李泠斋，同时将他的顶戴补服及印章文件等一并交上。王肃、李泠斋热情地接待了于多三，对于他数十年为鄂伦春族尽心效力服务的做法深表赞许。交接完毕后，王肃由于工作繁忙，不能亲自送行，于是写信给于多三。

于老先生钧鉴：

现派汽车送您回瑷珲家去。

近安

司令部

后来因为事情多车辆少，不能按原计划落实，所以王肃立即给于多三写信解释道：

于老先生钧鉴：

今天派车实在没时间，明天一定送老先生回瑷珲，请原谅是盼。

近安

王肃

四月十三日

于多三先生见王肃百忙之中，还时时挂记自己，心里十分感动，感受到共产党八路军真的平易近人，长官王肃更是和蔼可亲。于多三的言传身教，加上韩子和的鼎力支持，对中共干部在黑河做好统一战线工作，把各族人民团结在党的周围，支持党的工作，对新的人民政权建立和巩固起到了积极作用。

第三节　集中优势兵力彻底剿灭土匪

一、血战西四嘉子

1945年12月底，自治军司令部参谋长张继成带领武庙屯18名公安队战士和傅振林骑兵连，经由四嘉子、瑷珲、西岗子扩军。返回四嘉子时兵力已有120多人，组成一个营，又称二大队。教导员是延安来的青年干部杨国斌，1938年参加革命，中共党员，曾任团组织干事，1945年12月底从孙吴调来黑河工作。

1946年1月初的一天早晨，张鸣九、李云鹤匪团突然包围了西四嘉子，我军二大队除了傅振林的骑兵连外，大部分战士没有武器，是没参加过战斗的新兵，这些战士听到枪响后四处乱跑，导致伤亡惨重。参谋长张继成、教导员杨国斌率傅振林骑兵连，以房舍树林为掩护与土匪展开巷战。激战两个小时，傅振林骑兵连战士死伤过半，一部分战士被俘虏。傅振林左拼右打，掩护参谋长、教导员等人突围，张继成率领通讯员王贵短兵相接突出重围。杨国斌手持短枪顽强反击，负伤后被俘，土匪临退前将教导员杨国斌押到村南关帝庙前杀害。杨国斌临刑不惧，怒斥土匪并高呼："中国共产党万岁！打倒蒋介石、打倒国民党！"牺牲时年仅23岁。这次战斗使我军伤亡100余人，损失长枪76支，短枪1支，炮1门。

傅振林负伤被俘后，张鸣九利用傅振林过去为匪时的兄弟“三江”，对其劝降。他明辨是非不但没投降，伤好后，趁敌人不备，带领一部分被俘战士返回自治军司令部。

二、坚守上二公

杨青山匪帮进犯时，上二公自治军司令部有一个警卫连，连长张泉山，60来人。还有一个三大队，大队长邓秀江，仅有40人，还是新组建的，大多数人没有武器，又没经过训练。

1946年1月29日夜晚，杨青山、罗大胡子纠集匪徒300余人，偷偷摸进上二公，首先在后街与邓秀江的三大队遭遇。邓秀江带领战士进行了短时间阻击，防线被突破。后街枪响，全体指战员立即做好了战斗准备，侦察员报告：“司令部东、北、西三方面都有敌人，只有西南方向没有发现敌人。”王肃、岳林、张继成三人商量，决定留张泉山带领一个警卫排在司令部阻击。司令部成员，带领其余战士向西南方向突围，然后转向下二公。警卫连连长张泉山身先士卒，带一个排战士以司令部周围院墙为依托，向进犯之敌猛烈还击。司令部成员携带辎重、弹药、文件，边打边撤冲出包围退到下二公屯。张泉山带领一个排战士坚守到拂晓，最后实行了短暂突击反冲锋。杨青山见我军来势凶猛，退回纳金口子。这场战斗我军只有三大队几名战士牺牲，其他没有损失。我军打死打伤匪徒多人，其中有鄂伦春族2人。为了体现党的民族政策，战斗结束后，司令部筹集了两口棺材将2人尸体装殓后，派老乡用马爬犁送回纳金口子村。

这里需要说明的是，在这次战斗中，人民自治军错杀了胡宇翔同志。胡宇翔原为我党黑河第一任行政办事处主任，1946年1月29日，苏联红军司令部传来消息“胡宇翔与国民党反动势力有联系，是个叛徒。今天晚上土匪会来攻打上二公屯自治军司令部”。王肃得到消息不知如何是好，于是与岳林、张继成研究后，决定以开会的名义，将在黑河的胡宇翔招到上二公司令部以探虚实。

后为了安全起见，王肃、岳林、张继成研究决定：将胡宇翔秘密执行枪决，以防其变。1980年4月8日，中共黑河地委“关于胡宇翔问题的决定”认为：胡宇翔当时系被误杀，是一起错案，给予平反。

三、韩洛山叛变

第三大队是在上二公打散被重新组建起来的，驻扎在武庙屯，大队长邓秀江。

邓秀江，吉林省人，1937年参加八路军，1938年加入共产党，参加过抗战。1945年11月中旬与岳林等人一起进入黑河便投入招兵建军的紧张工作和对敌战斗中。这个大队有一个连长叫韩洛山，由北安招兵分到黑河。1946年1月30日（腊月三十）晚上，经过一天紧张训练的官兵已进入梦乡，韩洛山偷偷地爬起来，悄悄地叫醒两个班战士，准备逃跑时，被哨兵发现并迅速报告大队长邓秀江。邓秀江急忙跳下床拎着驳壳枪冲进了韩洛山所居的连队，大声说；“同志们，不要听信韩洛山的欺骗，叛变投敌是死路一条！”韩洛山见势不妙，冷不防冲向邓秀江，用头狠狠地顶住邓秀江的胸部，两手紧紧地搂住邓秀江的两手和腰。邓秀江正欲抽手还击时，韩洛山抢先向邓秀江腹部开了一枪，夺门而逃。枪声震醒了其他战士，混乱之中向韩洛山逃跑的方向开了几枪。韩边打边向小黑河、长发屯方向逃去，待战士们追击时，已不见韩的踪影。

当警卫连连长张泉山赶到时，邓秀江昏倒在地，鲜血浸透了他的衣裤。他拉着张泉山的双手，断断续续地说：“韩洛山是坏人。”就慢慢地闭上了眼睛，年仅25岁。

韩洛山是北安人，投匪后与黑河当地的土匪素不相识，而且孤身一人又没有本钱，结果被土匪给枪毙了。

四、出击纳金口子

韩洛山叛变后，司令部吸取教训，对部队进行了整顿，开展了形势和思想教育及军事训练，提高了战士觉悟和战斗力。司令部决定对攻打上二公的杨青山匪徒进行清剿。

1946年2月上旬的一天晚上，由政治部主任岳林、参谋长张继成带领两个连和王文斌率领的公安队近200人，乘马爬犁顶着大雪向纳金口子屯方向出发。经过一夜的长途跋涉，直到拂晓才到达达音炉南山。并决定由王文斌带领公安队先摸进屯子，给敌人一个突然袭击。王文斌带领战士摸进屯子，扑了个空，杨青山得知消息已逃走了。

时隔不久，我军在张继成、薛志侠带领下，再次出击纳金口子，杨青山又提前得到了消息，逃离纳金口子隐蔽起来。我军进入纳金口子后，由于轻敌，安营扎寨烧火做饭，结果遭到杨青山匪帮的突然袭击。我军官兵奋力反击，转危为安。两次出击虽然没有成功，但这是我军开始主动出击清剿土匪，对部队有很大的锻炼，也为日后的战斗积累了经验。

五、缴械保安队

我军司令部撤出黑河后，城内的反动势力又活跃起来。曾一度被解散的保安队在范永昌的组织下，再次复活更加猖狂，对我军恨得咬牙切齿，时常采取放冷枪、搞摩擦的方式进行报复。我军欲以武力消灭，又怕伤及群众和附近的苏军司令部。肖敬若、李泠斋等同志曾多次与苏军商量解决这支反动武装，但苏联红军司令部没有明确答复。一天，从黑河对岸来了一名苏军少将，我军司令员王肃、政治部主任岳林前去洽谈，再次提出：保安队坚持反动立场，残害百姓，与我军搞对立，多次制造摩擦。考虑我党我军实际情况和人民利益，从大局出发，请求苏军协助我们缴械保安队。苏军少将表示支持我们的意见，并愿为此做出努力。

不久，我军一部分公安战士全副武装开进城里，配合苏军将保安队住所团团围住。保安队队员们正在院内推牌九、打麻将寻欢作乐，苏军司令部一位叫华尔基列夫的翻译官先是"嘟……"的一声吹起长哨，并高喊："保安队集合！"范永昌一看是苏军翻译官，就乖乖地集合了队伍，规规矩矩地站在那里等待训话。华尔基列夫高喊："放下枪，把范永昌押起来！"我公安队员立即冲进院子，将范永昌捆起来，缴了保安队全部枪械。

4月中旬，根据苏方通知，苏军司令部撤离黑河，我军司令部迁回黑河城里。

六、激战大五家子

1946年3月，土匪刘山东（刘光才）、关作舟由逊河北窜。此时正值我军在瑷珲城一带建军、建政。为了保证这项工作顺利进行，我军司令部派赵廉同志带一连人与瑷珲县大五家子区公安队一起，在大五家子屯南三架山阻击刘山东匪部北进。赵廉带队阻击两个月，爬冰卧雪，饿了啃冻苞米碴子粥块儿，渴了抓把雪吃。5月初，黑河一带张鸣久、杨青山匪团活动猖獗，赵廉把阻击任务交给大五家子公安队，返回黑河防守。5月10日，刘山东、关作舟趁机攻占了大五家子屯儿。战斗中公安队队长缪彦卿牺牲，区政府被破坏。5月11日傍晚，赵廉带领全连战士和瑷珲公安队一个排战士，分乘3辆汽车返回大五家子驻守。车行至屯外，突然遭到匪徒袭击。赵廉所乘第一辆汽车冲过敌人两道防线，战士跳车还击，司机和部分战士牺牲，后两辆车经过短暂反击突出伏击圈。赵廉与同车战士被包围在一个江岔子里，经过激烈反击，虽然伤亡惨重，但大部分战士突围出去了。

赵廉和通讯员负伤后仍留在包围圈里。通讯员叫醒昏迷中的赵廉。赵廉突然跳起来边打边撤，跳进江里游过江岔子赶上突围出来的队伍。通讯员因伤势过重被敌人抓住杀害了。这一仗，我军牺牲了50余人，损失步枪22支、迫击炮1门、2辆汽车被炸坏。随后，赵廉组织突围的官兵撤到坤河村，继续阻击刘山东、关作舟匪徒向北进犯。

七、坤河保卫战

为了阻击北犯的匪徒，5月12日，王肃一面派人去调集罕达汽一带剿匪后返回途中的张泉山部驰援；一面命令孙积勤营长带领新组建的第二营三个连队和公安大队一部分进入坤河增援。孙营长是老八路，战斗经验丰富，观察地形后，决定利用日伪时期的建筑工事和屯子周围的土壕，让战士们挖好掩体，并把西南方向作为主要防守阵地。具体部署：王世昌率领步兵第一连固守屯南侧；盛德奎率领机炮连固守屯西侧；杨连长率领二连固守屯西南侧。公安队官兵作为预备队固守屯北。

5月13日凌晨3时，土匪从西、南两面包围过来，向我军阵地发起攻击。我军官兵利用屯子周围堑壕和掩体进行还击。赵廉指挥部队在坤河屯口的一个树墩子上架起一挺重机枪，瞄准土匪指挥部一阵猛打。战斗持续到下午，匪首关作舟身负重伤，其副官崩掉下巴顿时丧命。在我军猛烈地还击下，匪徒们扔掉一些尸体，向孙吴四季屯方向逃窜。

八、王肃同志遇难

1946年5月底，王肃接到通知，去中共黑龙江省工委所在地北安开会。司令部决定派一个排战士护送。

临行前的晚上，王肃组织地工委同志开会。内容有三项：一是同志们互相交换意见；二是研究当前工作；三是研究几个具体问题。这次开会有个缘由：李冷斋来黑河相对晚一些，王肃与他相处的时间短，了解得不够产生了误解。王肃认为李冷斋工作不积极，遇事不表态，为此曾向省工委写了报告，并且坦诚地将报告请李冷斋过目，征求他的看法："冷斋同志，你看完后有什么意见？"李冷斋说："没有意见。你应该反映。"于是王肃把报告寄给了省工委。

"路遥知马力，日久见人心。"经过一段对敌斗争和日常工作，王肃觉得以前自己对李冷斋同志的看法过于偏颇，认为李冷斋工作慎重有主见。于是，主动找李冷斋承认错误："冷斋同志，我原来对你的看法错了，误解了你，我要重新给省委写报告。"李冷斋表面上很宽容："没有必要，一个人的好坏客观存在，纠正它是那样，不纠正它亦是那样。"但心中对王肃写报告还是有看法的。

为了稳定大局，消除误会，王肃特意召开这次会议。会上，王肃当着全体与会人员，郑重地向李冷斋赔礼道歉，让李冷斋心里的疙瘩彻底解开了，对王肃这种坦率诚挚很佩服。那时候王肃肺病还没治好，说话上喘。大家都劝他休息一会儿，他却说："没事儿，继续开会吧。"会议结束时已是第二天凌晨4点。王肃没休息立刻乘坐王金山驾驶的汽车去北安开会。路上王肃还想着会议的事情，到了孙吴往回写了一封信，嘱咐大家齐心协力搞好工作。参加完省委会议后，王肃找省工委领导请示，再要几名干部到黑河工作。

省工委决定刘光烈和其新婚妻子江燕及石铭（女）一起到黑河工作，并随王肃司令员同行。他们把行李都已经放到车上了，不知什么原因，省工委又改变决定，石铭不去黑河了，让她赶快把行李拿下来。江燕听说石铭不去黑河了，心中十分不舍，她双唇颤抖着说不出话来，紧紧地抱着石铭无声地哭泣着。江燕和石铭既是中学同学又是抗战时期的战友，在抗战时期他们共同出生入死浴血奋战，直至把日本侵略者赶出中国，期间从未分开过。现在真的要分手了……她俩相拥很长时间不舍得分开。突然，石铭觉得有人拉她的手，她慢慢抬起头，发现拉着她手的竟然是王肃司令员，而另一只手拉着江燕的手。江燕和石铭感情笃深，如今分别了，王肃能够理解，心里也是一阵酸楚，便哑着嗓子说："革命需要，感情服从意志吧！"他松开手对石铭说："好好学习，努力工作，再争取到黑河工作吧。"

王肃一行返回黑河途中可谓是一波三折，很不顺利。他们本应该6月10日赶回黑河，但一直到6月12日还在孙吴盘桓。6月12日启程，已是第三次踏上归途。第一次启程是6月9日，不知道怎么走漏了消息，他们刚到二站时就遇到土匪袭击。战斗中警卫排长荣雅轩和几名战士牺牲，王肃他们被迫退回孙吴。第二次决定走孙吴、沿江、黑河一线，但在桦树林子村又遭土匪袭击，不得不再次返回孙吴。

在孙吴期间，王肃看到了省军区连续发出的有关联合剿匪的两个通知，他更加心急如焚，想早日回去传达会议精神和上级指示及命令，及时安排作战计划，配合省军区王钧副司令员在黑河地区的剿匪工作。6月12日清晨，王肃一行第三次启程回黑河。为了保证王肃一行的安全，省警备第三旅首长廖中符和孙吴县工委做了周密部署：决定由旅部作战股股长杨春和、连队指导员张锦伦带领一个排的兵力，沿孙吴、西岗子一线护送他们回黑河。

出发时，张锦伦带一个班坐第一辆汽车在前面开道，王肃一行坐第二辆汽车在中间便于保护，杨春和带两个班乘坐第三辆汽车断后。车辆之间距离很短，山路崎岖岔路较多，每到转弯绕行时，车辆便于相互照应。上午的行程很顺利，中午时分他们安全到达西岗子，西岗子区区长宁新春热情接待王肃一行。他向王肃汇报说，上午刚好从煤矿买了一头猪杀了，午饭是猪肉炖粉条。他并不知道王肃一行具体人数，以为一头猪足够大家饱餐一顿了。

王肃看着自己的一行人，知道午饭肯定不够吃，又不想麻烦宁新春他们，于是说："猪肉我们就不吃了，让同志们吃吧。给我们下点儿面条儿就行了。"吃饭时，人群里没有刘光烈和江燕，王肃就对宁新春的通讯员李纯珊说："小鬼，你去叫刘主任、江参谋来吃饭。"只有15岁的李纯珊马上立正敬礼说："哪个是刘主任？他在哪儿，我不认识呀！"王肃用手指着通向西侧的村子道上说："你往前走右拐，看到的那两个人就是。"李纯珊顺着王肃手指的方向，在村子的主街道上找到了刘光烈和江燕，他俩正坐在那里说话。李纯珊大声说："刘主任，王司令员请你们回去吃饭。"刘光烈说："你告诉他，我们不饿，不吃了，你们吃吧。"两个人知道饭不多，留在食堂不好意思不吃，特意躲出来了。

大家吃饭的时候，宁新春给黑河地工委副书记岳林打电话："王司令员到西岗子了，坐的是汽车。吃完饭立刻返回黑河。"岳林说："请王司令员接电话。"王肃接过电话："我是王肃，你们好，辛苦了，我一会儿就走，详细情况回黑河再说吧。"岳林说："山道不太安全，你最好从瑷珲顺江边回黑河比较安全些。"王肃说："不要紧吧！"饭后，王肃看了看警备第三旅官兵，又朝黑河方向看了看，说："杨股长、张指导员，离黑河不远了。现在土匪猖獗，你们部队大部分已去剿匪，护送我不用一个排的兵力，孙吴县城空虚了，很容易被土匪袭击，你们带队马上返回孙吴吧！"杨春和、张锦伦听后都坚决反对："我们是奉命执行任务，必须安全护送司令员到黑河！"王肃安慰他们说："我打听了，从瑷珲返黑河最安全，就是从松树沟去黑河也没什么问题。"张锦伦提醒他："从前两次土匪袭击的情况看，他们可能知道有八路军高层干部经过此地，我们不能不防啊！"王肃拍着张锦伦的肩头说："孙吴空虚呀！现在政治土匪这样猖獗，总想摧毁我们的新生政权，一旦夜间袭击成功，我们就惨了。军心民心不可动摇，你们必须傍晚前赶回孙吴！"王肃担忧是有道理的，第一任孙吴县县长李银全到任半个月，就被土匪杀害了。

无奈之下，两个人只好服从王肃司令员的命令，带着部队乘车返回孙吴。当时受通信条件限制，西岗子至孙吴没有电话，杨春和与张锦伦无法向旅部首长请示，只好尽快回孙吴，再联系黑河方面去接应王肃司令员一行。没想到，这一别竟成了永诀，没等他们回到孙吴，王肃他们就遇到了土匪。

1946年6月初，杨青山、张伯钧匪部合成一股，带领60余人的马队准备到瑷珲松树沟屯缴自治队的枪。他们从三道湾子出来，在纳金口子住了两天，然后又到大乌斯力逗留1天。12日，土匪行至神武屯（今锦河农场）时，抢劫一辆由北安往黑河贩卖木耳的汽车。匪首命令将人和木耳扣押在神武屯，让土匪小头目张海带6名土匪乘坐劫来的汽车上黑河至西岗子的道路上探路先行。后面是匪首杨青山、张伯钧带领50多名土匪马队一字排开向松树沟开进。

王肃一行人在黄金子的小车站附近不幸与这股土匪相遇。司机王金山发现前边左侧路边停有一台短脖子汽车，车上没人，心里有些疑惑。王肃他们继续前行，想从前面车的左边开过去。过去不远是第二座小桥，车刚上小桥，土匪的枪就响了。王金山开的车很快“刷”的一下就过去了，车冲过小桥放缓了车速，王肃说：“快开！”王金山加大油门朝前飞奔。刚走出不远，王金山看到前面公路旁和两边草甸子上有马队向这边靠近。他急忙说：“前边有胡子马队！”王肃说：“可能是咱们的马队追前面的土匪呢！开吧。”王金山继续把车往前开，开过小桥有400米左右时，王金山说：“前面确实是胡子马队。”王肃紧急命令：“停车！”

这时东西两面来的土匪马队，离他们一二百米就下马朝汽车开枪，迎面公路上来的马队也朝汽车开枪。警卫班战士立即跳下车在公路两侧向土匪开火，王肃他们被包围了。王肃、刘光烈、江燕、刘忠义、王学富跳下汽车与土匪对射。匪首杨青山亲自在后面督战，他命令匪兵王学瑞吹“前进号”，土匪大队人马向前包抄过来。

西岗子区区长宁新春听到北面传来枪声，不由心中一惊。看看时间，王肃一行刚刚出发不到一小时，他感到事情不妙，立即给军分区司令部挂电话，信号不好，断断续续：“你是岳林吗？刚才……我们听到松树沟方向……有枪声，恐怕是王司令员遇到了土匪……”岳林一听立即放下电话想营救措施，可眼下兵少无汽车，30公里的路程，怎么能尽快赶过去呢？岳林急得直转圈儿。薛志侠急忙喊：“警卫员！快去把何学东找来！”薛志侠立刻从司令部抽出20名精明强干的战士，凑齐20匹快马，迅速沿着黑河至西岗子的山路，向出事的黄金子车站奔去。

就在营救部队出发的时候，刘光烈和江燕跳下车，拿着手枪互相掩护着边打边退。刚退出20米就被骑马赶过来的绰号儿叫“双老五”和“天罡”的两名土匪击中而牺牲。王肃和警卫员王学富分别手持短枪和“马克”式轻机枪，边打边向后欢洞屯方向转移。退出2里多路，来到该村西南边上一座独立的茅草房里（村民于树叶家）。追击来的土匪不敢进屋，就抓住村民吴良贵，逼迫他：“你进去看看，那个屋子里有没有人？”吴良贵说：“我不敢进去。”土匪用枪逼着他：“不去，老子毙了你！”

吴良贵慢慢地朝草房走去，老远就喊：“屋子里有人吗？”王肃、王学富听见有人喊，以为土匪上来了，就打了一枪，吴良贵吓得“妈呀”一声拔腿就往回跑。此时，其他土匪也从四面围了上来。土匪仗着人多势众，企图想抓活的，但又不敢靠得太近。

土匪攻了一阵子，见屋里的共产党不投降便下了毒手，就在房子的西北角上放火烧房子。很快烟火就从窗户钻到屋内，熏得王肃、王学富喘不过气来，外面的情况也看不清楚了，形势更加不利。这时，王肃命令警卫员：“小王，我掩护你，你赶快冲出去，把文件带回司令部去，快！”“司令员，我不能丢下你！”王学富犹豫不决。这时土匪再次展开攻击，靠近一个被王肃他俩打倒一个。王肃边打边说：“赶紧走，不走就都会死在这里，文件决不能留给敌人！”但王学富说什么也不肯自己走。火越烧越大，烧伤了王肃，他忍着疼痛和王学富把带来的机密文件全部烧毁，把打光了子弹的手枪藏在灶坑里。

屋子里的烟火越来越大，在屋子里不被打死也会被烧死。王肃说：“把机枪给我，我在前、你在后，走，往外冲！”匪徒王荣久手持一把三八大盖步枪，始终瞄准屋门。王肃刚冲到屋门口，冷不防被王荣久匪徒射中一枪，只见他身子一抖倒在血泊中，还没有来得及站起来，几支冰冷的枪口就对准了他。

王肃被俘后，匪首张海企图劝降，王肃趁机向匪徒们宣传共产党的政策，以及国民党打内战的阴谋。这时，一个矮个子土匪走到跟前，端着枪围着王肃，边上下打量边绕着圈儿。他操着浓重的山东口音说："我以为共产党是什么样的呢？原来就是穿得破破烂烂的叫花子，口才倒是不赖呢！"矮个子土匪走到王肃的背后，用枪口对着王肃的头部说："别啰唆，投不投降？再不投降，信不信，老子一枪崩了你！"王肃视死如归地说："共产党员是不会投降的！""不信？是吧！我枪毙了你！"矮个子土匪不耐烦地说着，枪就响了。这位年仅32岁的优秀共产党员、人民自治军司令员，还没有看到新中国的诞生，就血洒北疆英勇就义了。

匪首张海挥起马鞭子抽向矮个子土匪，大骂道："告诉你留活口！留活口！老子让你开枪了吗!"矮个子土匪挠挠脑袋傻笑起来。匪首张海没有过多的责怪，因为土匪们把杀人已经不当一回事了。张海随后向屋里喊："小子，出来！这次饶你不死。再跟共产党干，下次叫老子碰见剥了你的皮。回去报丧去吧！"躲在大衣柜里的王学富活了下来。

王肃牺牲的当天下午，松树沟村民兵跑到瑷珲城向区长贾封五报告说："从西岗子方向来，到黑河方向去的我军汽车，在后欢洞附近遭土匪截击。"闻讯后，贾封五立即命令景春荣带两个班兵力，从瑷珲城向后欢洞火速进发。当景春荣他们赶到现场时，王肃等人已经牺牲，匪徒也早已逃得无影无踪了。随后赶来的薛志侠看到了王肃司令员的身躯卧在血泊中，衣服烧得残缺不全，头上身上都有枪伤，心如刀绞，泪水止不住地流下来。

大家在清理遗体时发现：王肃的腰部头部各中一弹。从头部中弹的伤口可以看出，子弹是在非常近的距离上从脑后打入的，很显然这弹是致命的。鲜血染透的衣兜儿里，有省工委的一张任命书，上面写着：刘光烈任黑河军分区政治部主任，江燕任黑河军分区参谋。查验现场后，景春荣和战士们小心翼翼地把王肃、刘光烈、江燕、刘忠义等人的遗体抬到汽车上，由薛志侠带警卫连战士护送返回黑河。景春荣则带领部队返回瑷珲驻地。

6月13日上午8点，护送王肃等人的遗体回到黑河东门外武庙屯，王肃等人的遗体停放在东大庙院内。

清理王肃同志遗物时，仅有两条破裤衩、一条黄军被，找不到一件完整的衣物。只好从供给处取来一套用炮药染黄的面袋子改装的衣服，给王肃烈士穿上入殓。广大指战员和各界群众怀着十分沉痛的心情参加中共黑河中心县工作委员会书记、黑河人民自治军司令员兼政委王肃以及其他几位同志的追悼会，悼念为党为人民事业英勇牺牲、满腔热血洒北疆的烈士。

九、黑河城保卫战

王肃同志牺牲后，杨青山匪徒气焰猖獗，又向西岗子逼近。薛志侠同志考虑到敌强我弱的情况，让西岗子区区长宁新春与西岗子公安队撤到瑷珲。6月16日，宁新春区区长带7名战士先行离开西岗子，公安队队长马绍祥带公安队随后撤离。公安队行至东面大桥时，内部叛变，枪杀了马绍祥队长，投靠了土匪。杨青山纠集靳云鹏和原西岗子公安队叶福亮等叛匪当夜进攻瑷珲。由于驻军七连和瑷珲公安队内部的一些坏人串通，七连、公安队和宣传队大部分人叛变为匪。西岗子、瑷珲两次叛变，使我军减少士兵120人，损失步枪100支、短枪2支、轻机枪3挺。敌人以为我军司令员牺牲，指挥失灵，部队指战员大部分在外作战，黑河城里空虚，加之西岗子、瑷珲连遭损失，我军士气不高，于是几股土匪合起来，向黑河进攻，并扬言："拿下黑河，放假、抢劫、玩乐三天！"

黑河附近几股土匪的新动向，引起了岳林等几位领导的高度重视，当即派人向驻扎在逊克剿匪的省军区副司令员王钧报告情况。王钧立刻指令黑河军分区部队回援黑河，张继成参谋长立即带部队坐汽艇从逊克往回赶紧急救援。同时抽调警备第二旅旅长张光迪率领部队从陆路出发去支援黑河。与此同时，岳林召开紧急会议，分析敌情，确定了固守黑河等待回援的决定，并制订了作战方案。

这时黑河城内司令部仅有一个排、公安队两个中队、机炮连十多人、东门外营部的少量留守部队以及和平医院的伤病员。全体指战员严阵以待，决心为王肃司令员报仇雪恨。他们很快在地工委、公安局、供给处等地修了街垒，在东门外、和平医院、喇嘛台设了支撑点，准备反击土匪的进攻。

6月17日早晨，杨青山、张伯钧、老靠山、常占春（伪嫩江县县长）和西岗子、瑷珲的叛匪，号称800人分乘12辆汽车外加马队，在四嘉子村分两路，从东和南两个方向进攻黑河城。黑河军分区部队按照命令立即投入战斗。岳林、张继成、薛志侠、李冷斋、肖敬若五人在司令部负责总指挥。瑷珲区区长贾封五、警备第三旅第三营营长袁大文、黑河军分区警卫第四连连长何学东、机炮连连长董诚、指导员景春荣等分别负责各支撑点指挥战斗。东路来犯土匪用迫击炮、掷弹筒向驻守东门外的军分区第二营营部发起突然袭击。第二营官兵在营长和教导员带领下立即奋勇还击。激战中二营教导员郭甫章和四名战士牺牲，副营长徐昌负伤。营通讯员周占荣顽强地向土匪还击，边打边撤，掩护副营长徐昌撤离到和平医院。

土匪攻入黑河城区后，开始向和平医院进攻。正在和平医院养伤的第三旅第九团第一营营长李清林，把轻伤员组织起来，拿起武器占据制高点，与守卫和平医院的军分区第二连官兵一起，顽强地阻击敌人，使土匪始终未能向和平医院院内前进一步。

午后，两路土匪一度从黑河城西南突入城内，军分区守城部队与其进行了激烈的巷战。其中一股土匪抢占了聚德园饭店，并在饭店楼上向地工委和军分区司令部大院打枪，给我军造成很大的威胁。岳林一边指挥王贵等人利用地工委楼上的有利条件，向盘踞在聚德园饭店的土匪进行反击，一边命令公安队集中火力消灭敌人。一个土匪正在楼梯上上楼，被王贵一枪打中掉到楼下去了。机炮连指导员景春荣立即指挥炮手于放向聚德园院内开炮。于放爬上房顶把迫击炮靠在大腿上，左手撑住炮身，右手拿起炮弹连续射击，打得土匪四处逃窜，于放的腿部被炮筒强大的后坐力挫伤。枪打、炮轰把土匪打懵了，迫使敌人放弃了这个据点。

坚守在喇嘛台支撑点的第四连连长何学东组织官兵用机枪火力封锁住道口，把这里的土匪分割成几截，使其难以发挥整体威力。担任西南方向阻击任务的贾封五、黎明江，指挥守卫在供给处的战士发挥机枪的威力，打退敌人多次进攻。敌人虽然以数百名匪徒轮番进攻，始终也未能占领地工委这条街。激战到下午6点左右，土匪开始用迫击炮、掷弹筒向我军各支撑点、居民区进行盲目的射击。岳林、张继成等人判定，土匪要逃跑，遂对战斗部署进行了调整：命令警备第三旅第十团第三营营长袁大文，率领第六连将刚修好的日本关东军战败遗留下的坦克开出去，反击敌人；命令从张地营子赶回来的骑兵连连长傅振林，率骑兵连带上新配发的冲锋枪，向土匪发起冲锋。此时，侦察员发现东花园那里的马桩子上拴着很多匹马，估计是土匪的后方阵地。于是机炮连集中迫击炮火力，向东花园马桩子开炮，不让敌人骑马逃跑，打得敌人惊慌失措。

在守城部队集中火力打击下，敌人的阵脚被打乱了，误以为是苏军开的炮，或是回援大部队到了，来不及集合就扔下一些汽车、迫击炮、机枪等武器装备，向瑷珲方向仓皇逃窜。

傍晚7时左右，我军开始打扫战场，搜捕残敌，一直持续到次日凌晨。此次战斗毙伤土匪54人，俘虏50人；缴获汽车8辆、战马40匹、迫击炮3门及各种枪支100余支。我守城部队牺牲官兵20人，伤8人；损失步枪18支、手枪1支，重机枪1挺。黑河保卫战打出了军威，赢得了群众的信任，巩固了新生政权，部队受到了锻炼，为我党开辟黑河解放区在历史上留下了光辉的一页。

杨青山等匪首带残匪跑到坤河。这时，正值张泉山营长率赵廉等两个连在四季屯剿匪后返回黑河的途中，又与省警备二旅回援黑河的部队相遇。两支部队得知杨青山匪帮的活动路线后，直插坤河，打得杨青山匪帮四处逃窜，大伤元气，我军缴获众多战马和武器装备，胜利而归。黑河保卫战后，杨青山等土匪向嫩江地区流窜。

十、智擒海山、靠山

1946年5月，黑龙江省委决定，任命省军区副司令员王钧为北路剿匪总指挥，并率领省警卫三旅参谋长姚国金，三旅九团团长邢魁、副团长唐克、二旅骑兵团团长李行、政委崔国荣、二旅警卫团团长李春生等率军奔赴黑河剿匪，开辟黑河根据地。

王钧，出生于黑龙江省汤原县一户贫民家庭。1933年10月参加汤原游击队。1934年3月加入共青团，由战士逐步提升为班长、排长、连长。1935年3月加入中国共产党。1936年6月，任抗联六军保安团政治部主任，率部队开始第一次西征。1938年7月，任抗联六军二师十二团政治部主任兼团长、西征部队党委委员。1941年7月，率部队第三次进入呼盟开展游击战。1945年8月，王钧奉命到北安担任苏联红军卫戍区司令部副司令。12月，任黑龙江省军区副司令员兼参谋长，省议会参议长、省剿匪总指挥。

1946年，国民党先遣军第一军中将副军长兼嫩东总指挥王乃康，其部被我军于嫩江一带打散后，流窜到瑷珲县境内，潜伏于东四嘉子屯。他与惯匪老靠山、海山勾结起来，指使老靠山、海山搞假投降，企图保存实力，妄想钻进我军内部瓦解我军。海山、靠山曾先后两次来我军司令部，表示愿意归顺，听候司令部调遣。我军区司令员王钧及政治部主任岳林接见了他们，表示我们党对愿意放下武器的敌人历来宽大为怀。但对于这样一贯作恶多端的土匪头子，我军是深知底细的，对于他们搞的假投降也早有警惕，经过研究，我军司令部决定缴他们的械，绝不能再姑息养奸。

11月的一天，海山、靠山带领300多名土匪大摇大摆地开进了黑河。我军令其将大部队留在东大营，海山、靠山带领19名匪徒来到司令部，王钧、岳林迎上前去表示欢迎。这19名匪徒见到我军负责人，如临大敌。王钧、岳林毫不介意，把海山、靠山让进地委院里。这19名匪徒见我军领导坦然自若，又无武器，于是跟到地委院北的司令部。王钧、岳林这边早已摆好了一桌酒席。司令部院内19名匪徒见到这边没什么动静，也就放心地放下了武器。地委屋里酒过三巡，司令部这边早已布置好的一个警卫班突然冲进院里大喊："缴枪不杀！"匪徒没弄清怎么回事儿，就当了俘虏。其中一个匪徒妄图夺枪，被我军战士鸣枪吓得缩了回去。海山、靠山一听枪声，顿时脸色煞白，海山一边告辞"谢谢司令、谢谢政委！"一边离座企图溜掉。老靠山则装肚子疼想上厕所趁机逃跑。这时一名通讯员报告："那边已经安排好了，请过去休息。"王钧、岳林领着二匪首出来，路经公安局就将二人押了起来。同时，东大营那边特一团黄丽华政委也负责缴了300名匪徒的械。后来海山、靠山被政府镇压。

十一、活捉王乃康

王乃康费尽心机弄巧成拙。见阴谋被戳穿，装扮成农民与警卫坐花轱辘车经瑷珲往逊克方向逃窜。此时，贾封五在瑷珲区任区长。1946年秋天瑷珲区政府为了配合军分区司令部开展剿匪工作，发了一份布告，规劝那些误入歧途，当了土匪的人，不要听信国民党先遣军、挺进军的谣言，改邪归正，弃暗投明。在我们党的政策感召下，瑷珲区黄旗营子村一个在王乃康手下当过土匪的青年人，带着枪支到瑷珲区政府投了诚，然后回到黄旗营子村务农。

过完春节的一天晚上，这位青年到自卫团开会，走在路上遇到了两个人赶着马车打听屯长住处，准备借个宿。这位青年见到那个岁数大的，觉得怎么这么眼熟啊！再仔细一看，见他身上穿着青棉袄、青棉裤，腰上系着白带子，头上戴着一顶扎了白箍的破狗皮帽子，呀！这不是王乃康吗？怎么化了装跑到这里来了？他把这个情况报告给屯长，屯长说：“你可别认错了人。”

这位青年为了证实自己的眼力，又到这两个人借宿的住处，悄悄地去查看。到了这家一看，主人正给他们烧水，王乃康躺在炕上正在抽大烟。没错，就是王乃康！这位青年连夜到瑷珲区政府报告。区长贾封五派公安队长林殿元带三四个人前去捉拿。待林殿元他们赶到黄旗营子时，王乃康已赶着马车向南逃窜。林殿元等人骑马在后面追赶，不多时将王乃康捉了回来。区政府对王乃康二人进行突审，王乃康开始不承认身份，后来在其警卫员与黄旗营子青年人证实下，不得不低头认罪。

王乃康被捉后第二天押往黑河。司令员王钧、政治部主任岳林、参谋长张继成对其又进行了审讯。这回王乃康改变了策略，连连认罪，同时不停地往王钧等人面前凑合，还不时装成挠痒痒的样子，手往裤子里摸。岳林觉察不对头，立即向张继成递了个眼色。张用枪对准王乃康大喊一声："把手拿出来，举起手！"经搜查，在王乃康的裤子里搜出了一支小手枪，枪膛里还顶着子弹。经过几次审讯后，把王乃康押往齐齐哈尔。途经讷河时，嫩江军区司令员王明贵说王乃康已几次逃脱，这次不能再让他跑了，当即将其枪毙。

十二、瑷珲城保卫战

1946年底，流窜到萝北一带的刘山东匪帮，在合江军区部队打击下又窜回黑河地区，与莫东生匪帮联合起来向西岗子扑来。当时西岗子有两个连，战斗力很强。匪徒700多人打了一个晚上，只突破了我军第一道防线。敌人竭尽全力也没能突破第二道防线，便退回杨树屯、拉腰子，伺机进攻瑷珲。

瑷珲区区长贾封五得到消息后，组织大家积极做好作战准备。这时，瑷珲城内只有成立不久的机炮连1个排28人，公安队20多人。贾封五觉得力量不够，又从松树沟、瑷珲村调来20名可靠民兵，共70人。这些人在贾封五带领下，加紧修筑工事，熟悉地形，了解敌情，制订作战方案。部队和民兵在区政府四周分兵把守，严阵以待，决心固守瑷珲歼灭入侵之敌。

就在这时，地委为了在敌强我弱的情况下保存我军的力量，电话命令贾封五带队撤离瑷珲回黑河。贾封五再三请求留守，未得到允许，只好服从命令，天黑后离开瑷珲。队伍走到卡伦山没遇到土匪，贾封五便带着通讯员骑马提前到达黑河，当面向王钧、林一心、岳林等领导表示了保卫瑷珲城的决心，说明了我军防御工事坚固，干部、战士人心齐等有利条件，阐明了上次土匪打瑷珲，七连和公安队一枪没放就叛变，这次再不抵抗就放弃，将大大地降低我党我军威信，瑷珲失守必定威胁黑河等利害关系。几位领导看贾封五信心坚定，我军出外剿匪两天后也可以返回支援，便采纳了贾封五的意见。贾封五顾不上吃饭，飞马跑回四嘉子迎上了前来的部队，连夜又赶回瑷珲。

1947年1月1日，土匪悍然进攻瑷珲。凌晨，两股土匪分别从火磨、同合泉摸了进来，被我军发现打了回去。天亮后，敌人分几股进入瑷珲城，占领了清真寺和陈家铁匠炉。同合泉那条街上土匪来往不断，频繁地向区政府开枪打炮。我军以岗楼、地堡、交通壕为依托，时刻注意土匪的动向，土匪一旦靠近，子弹就像雨点似的射向敌人。贾封五等人在地堡里用机枪封锁北大街，机炮连指挥员景春荣等人在岗楼上用机枪封锁南大街。敌人多次向区政府进攻，都未得逞，见硬攻不行决定火烧岗楼。敌人刚往前一冲，贾封五立刻下令射击，我军几挺机枪一起开火，冲在前面的匪徒立时毙命。匪首莫东生派一个农民送来一封劝降书：国民党军队已到北安，正向北伐，你要认清大局，缴枪不杀。贾封五随即回信：国民党军队在关里步步失利，东北已寥寥无几，你写的全是造谣，你不要“头顶火炭不觉烧”，你投降，我们优待。不听劝，我们给你准备了吃了永不会饿的仙丹。刘山东、莫东生看信后，恼羞成怒，集中火力又向区政府发起猛攻，把我军岗楼都打歪了，还是没有攻进去。深夜，两军对峙，土匪不断放枪。直到1月2日深夜两点钟，省警卫三旅十团赶来救援，敌人急忙从东边逃窜。

瑷珲保卫战创造了以少胜多的典范，抗击了10倍于己的敌人，受到了黑河军分区司令部通令嘉奖。

十三、最后的胜利

1946年6月25日，西满军区三师副师长洪学智率领特一团进入黑河，省委任命他为黑河中心县工委书记、黑河军分区司令员。

洪学智，1913年生于安徽省金寨县一户贫民家庭。1928年参加当地农民武装，1930年4月编入中国工农红军第一军。在创建和保卫鄂豫皖苏区斗争中，他作战勇敢，每遇险战恶战都冲锋在前，被誉为不怕死的好连长。在开辟和保卫川陕苏区的斗争中历任连指导员、营教导员、团政治部主任、师政治部主任。年仅21岁就担任了军政治部主任。长征途中先后任红四军政治部主任、红四方面军政治部组织部部长，负责后方收容和后勤保障工作。在极端困难的情况下，他周密组织，率领部队战胜艰难险阻，不仅保证了红四方面军的粮草供应，还先后四次为中央纵队送去粮食、牛羊等物资，受到中央筹粮委员会主任刘少奇的赞扬。1945年9月，任新四军第三师副师长。不久，与黄克诚共同率部挺进东北。

洪学智到达黑河后，立即率部东进，重点清剿刘山东匪团。瑷珲保卫战后，刘山东匪帮向南逃窜，处处遭到我军的截击，不得不返回逊河一带，又遭到更强大的三师与三旅的打击。全国各解放区捷报频传，盼蒋军接收的梦想已成泡影，土匪内部开始分化瓦解，先是三五成群自首，后是成排成连投降。最后，刘山东、张景芳、李亚洲匪首藏匿于逊克县逊河区李双福地营子，我军三旅十团二连两个排与县公安队联合展开围捕，其同伙除两人被击毙外，其余被全部捉拿归案。1947年3月，刘山东等三名匪首于黑河公审后被处决。与此同时，我军三旅在廖中符率领下，500精兵分江道、山道两路从黑河向鸥浦以上追击，至永和站包围残匪团部，将匪首张伯钧击毙。4月15日，黑河各界4 000余人在黑河完小操场举行了隆重的“庆祝剿匪胜利大会”。

三年多时间，我党我军为开辟黑河、瑷珲根据地，解放祖国北部边疆，血染大地，气壮山河，创造了可歌可泣的英雄业绩。

第四节 建立好党群组织培训各类干部

一、建立中共瑷珲县委

1945年11月至12月，黑河地工委任命薛志侠为中共瑷珲县工委书记，肖敬若为委员。后又任命贾封五为瑷珲区工委书记，李伯言为西岗子区工委书记，李威为四嘉子区工委书记。1947年1月，中共黑河中心县工委改称中共黑河地委。1948年11月10日，地委研究决定并经省委批准，中共瑷珲县委由寿丹亭、贾封五、李威、王照利、黎明江五人组成，寿丹亭为书记，黎明江为执委兼黑河城区工委书记。1949年5月寿丹亭南下后，地委决定并经省委批准，中共瑷珲县委由贾封五、王照利组成，贾封五为书记兼县长，王照利任组织部部长。

1949年11月20日，中共瑷珲县第一次代表大会召开，历时三天。各支部分别选派一名代表，各区委书记、组织委员共38名代表参加会议。会议主要任务是贯彻省委冬季工作指示，县委书记、县长贾封五讲话，王照利做报告。

二、组建各级党群组织

1945年，黑河中心县工委决定首先在部队中秘密建党。1946年1月，秘密发展张泉山、周学臣等入党。1948年10月，在经过土改的村屯开展公开建党，发展新党员215名。到了1949年夏锄后，全县共有党员375名，25个党支部，52个党小组。

1947年3月，成立东北民主青年联盟黑河分部，1948年11月，改名为青年团。

1947年3月20日，黑河城区各业职工联合大会正式成立，张大荣任主任，办公地点在广招皮革厂。

1949年秋，各村普遍建立了妇女建国会组织。主要工作是组织妇女站岗放哨，参加生产，做军鞋支援前线等。

三、办班培训各类干部

1946年7月至9月间，黑河地工委开办青训班，中学毕业生、部队班排干部、青年干部共计60人参加，其中多数成员成为开辟建设黑河与瑷珲县的骨干力量。参加农训班的学员全部是瑷珲县四嘉子、瑷珲、西岗子等区的贫雇农骨干，一些学员培训结束后直接留在区政府工作，其余学员继续回村工作。地委与军分区于1947年先后举办了3期军队干部培训班。以班、排、连为建制，以政治内容为主，以军事训练为辅，学员们成为开辟、保卫、建设黑河的一支不可或缺的新生力量。

第四章　反奸清算斗争与土地改革运动

在中国共产党领导下，劳苦大众行动起来，搞反奸清算和土地改革，把那些汉奸、特务、恶霸地主和私吞财产的剥削者打倒，人民翻身当家做主人。

第一节　开展反奸清算斗争

一、黑河城区的反奸清算斗争

1946年夏天，黑河地区工作团委派张开平为反奸清算队队长。7月，查封了伪满祥聚永杂货店，召开了斗争其经理陈子玉大会，没收其家产。8月，又将伪满配给店元茂昌、福淋洋行等12家经理看管起来，退出侵吞的财物后解除看管。

二、部分农村的反奸清算斗争

黑河地区工作组组织两个农村反奸清算工作队：一队由薛志侠负责到瑷珲、西岗子；一队由肖敬若负责到四嘉子。工作队入驻后发动群众，斗争恶霸地主、民愤大的伪警察、特务等。在群众的要求下，瑷珲城枪毙两个恶霸，拉腰子枪毙一个土匪，小乌斯力、卡伦山枪毙一个伪甲长和一个特务。

第二节　瑷珲县的土改运动

瑷珲县土改工作队于1948年2月25日进村，与贫雇农见面交权、交底、交政策。首先在新民屯、杨树村、蓝旗屯、曹集屯、大红旗营子、黄旗营子6个村屯进行试点。土改工作队22人，各区派来参加试点工作的有8人。土改运动大体分成两步进行：第一步是发动群众，划阶级、定成分，斗争地富和伪警宪特等坏人。全县掀起了诉苦算账，斗争恶霸地主，捉捕伪警察、汉奸、特务、土匪，封房屋、挖浮财的高潮。第二步则是整顿内部，分果实，平分土地，成立贫雇农团。整顿内部，主要任务是把不正派的流氓贫农暴露出来，以达到打击歪风邪气、扶持正气的目的。分果实采取先填穷后补齐的办法，缺啥补啥自报公议。分土地也采取自报公议。地分好、坏、远、近；人分穷、中、下；力量分大、小和无劳力。好地、近地大部分分给无劳力、老年及鳏寡孤独者；贫雇农中，年轻力壮的分较远的好地和秋茬地；中农土地不够的分好地和撂荒地；地富也分到一部分土地，但远的、坏的多，给了他们生活出路。3月中旬，土地改革运动在全县轰轰烈烈地开展起来，到4月末基本结束。

1948年2月，在地委领导下，罕达汽金矿工人斗争了“金牙齿”金班把头张汝庭（当过土匪连长），3月15日枪毙了张汝庭。4月中旬处决了大恶霸刘士清。黑河城区于1948年2月11日，将被逮捕的家产较多的人家封了门，挖了财宝，起了浮物。斗争了伪满佛教会、德裕号烧锅的领头人。1948年5月，将孙玉藻、孙宝基、朱老道、张大宗等8个恶贯满盈的大汉奸、大特务、大恶霸处决。

第五章　恢复经济与发展各项事业并举

随着日伪政权垮台和新的民主政权的成立，黑河、瑷珲县各地在党的领导下开始整顿金融市场，发展经济，恢复各项事业，开展大生产运动，鼓励工、农、商多出产品，活跃市场，多打粮食，支援全国的解放战争。

第一节　整顿金融市场对货币实行统一管理

1946年4月19日，瑷珲县人民政府发出布告，通知日本银行与朝鲜银行所发行之金票，本县于即日起暂时禁止使用。8月28日，地区行政办事处发出布告：今后一律使用“东北流通券”，伪满票10元兑换流通券7元；10月15日伪满票按流通券五折兑换，后来，东北流通券成为唯一的货币。

第二节　开展大生产运动支援解放战争

一是发放土地证，保护土地所有权。1948年10月18日，县政府开始在瑷珲县部分村屯搞发放土地执照试点，7天后全县铺开。

二是调剂种子，保护牲畜。县政府无息给农民贷款买种子，秋后偿还。1946年4月25日，自治军司令部、省军区三旅、地区办事处联合发出布告：命令自4月25日起所有军、政、公安机关及人员严禁随意征用农民之车辆、马匹。违者以军法或破坏政令论罪。严禁屠宰牛马，违者重罚。

三是增加农村人口，开展开荒运动。1948年，黑河城区有3 000余人转入农村务农，耕地面积比1947年增加三分之一以上。1949年全县开荒1 000多垧。

四是组织插具小组。有些农民分了土地，缺马匹少农具，就近组织插具小组，互相帮助提高了生产能力。

五是奖励劳动模范。1947年及1948年秋后，各地普遍开展了选举劳模活动。群众敲锣打鼓欢送戴着大红花的劳动模范去区、县开劳模大会。1949年1月，瑷珲县隆重召开劳动模范大会，出席会议的劳模共63人，其中包括个人模范、小组模范、干部模范、妇女模范、移民模范、家庭模范等。

六是军政人员下乡支援农忙。1947年5月7日，军分区政治部做出决定：要求春耕农忙时，各部队及各县保安队，必须在驻地或附近帮助农民搞生产。至少每人3个工，每匹马3个工，特别要帮助军烈属解决困难，都不要报酬。县、区政府组织下乡工作队具体指导生产和参加生产。1947年全县耕地面积18 738.5垧，比1946年增加55%。1949年粮食总产量5 000多万斤，有力地支援了全国解放战争。

第三节　全县各项事业的恢复和发展

一、恢复林业生产

1946年5月，黑河地区行政办事处公布了国有林野产品征收价格。1948年7月15日做出规定：任何单位和个人，凡原木一律不准做燃料；公私现存原木由县、区负责集中送到江岸，林务局按价收买；要求在不影响农业生产的情况下尽量多组织人员放木排。1948年完成了省政府下达的4万立方米木材出口任务，为新中国建立做出了贡献。

二、工商、交通、邮电业的恢复与发展

1945年至1946年恢复了黑河电灯厂、酒精厂生产。1947年建立了国营黑河制米厂、皮革厂，恢复了五道沟、罕达汽等金矿生产。同年，黑河军分区修械所改为铁工厂，设有模型、铸造、精工、锻冶、装备五个车间，制造了“黑河号”“海兰号”轮船。恢复了哈尔滨—黑河、黑河—漠河航线，在全省引起很大震动。1948年1月，皮革厂投产赶制军皮帽等支援全国解放战争。1949年春，为支援解放战争，东牡丹江制材厂恢复生产。

苏联红军撤离前，把建于日伪时期的北黑铁路拆掉当成战利品运回苏联，此外黑河上、下游日伪遗留下来的轮船及部分私人帆船被苏军当成战利品获取，一度使黑河交通处于停滞状态。1946年政府在呼玛捞获一艘日伪轮船，在老船长吕宝清主持下对轮船实施了抢修，修复后的轮船于1947年5月1日下水，首航哈尔滨。公路也进行了修复。1947年9月成立黑河邮电局，办理信件与小包裹业务。1949年开办了长途电话业务，可通北安。

三、文教卫生事业的发展

1946年9月成立黑河宣传队，演出节目《兄妹开荒》《军民团结》等。1946年海兰电影院开始放映影片。为纪念王肃司令员牺牲一周年，1947年6月海兰电影院改名为“王肃剧场”，1951年改为王肃电影院。1946年8月1日创办《黑河日报》，报社第一任社长章子冈。同年，开办了新华书店黑河支店，第一任经理张宝义。1947年成立了黑河评剧团。

1946年3月，肖敬若、李泠斋领导的黑河治安维持会规定：限于各校必须在4月12日开学。4月12日聘请付祥昌为黑河中学校长，聘请裴岳林为黑河女子中学校长。5月7日，黑河中学改为兆麟中学。8月8日，黑河兆麟中学与黑河女子中学合并改成黑河兆麟联立中学。地区行政办事处处长王悢为校长，章子冈为副校长，李英为教务处主任，后来，李英为校长。同时，黑河初、高级小学与黑河初级小学合并，改名为黑河兆麟完全小学，刘邦俊为校长。农村各区政府所在地设立初、高两级小学，大的村屯设初小。

1945年10月5日，成立黑河公立医院，1946年4月25日更名为和平医院，隶属军分区政治部领导。1946年6月25日，洪学智率部进黑河地区剿匪，该部卫生人员并入和平医院，开始分内、外等科室。1945年12月31日，瑷珲县政府向医疗部门发出防治传染病的指示，要求发现传染病立刻上报，精心治疗。每年春季都组织大扫除。确定每年4月3日至9日为卫生防疫周，组织城乡卫生大检查，举办卫生知识讲演会，普及卫生常识。1946年成立牲畜屠宰点，开始对肉食品进行检查。成立黑河利民恒生股份有限公司，清扫城内公共厕所，清理垃圾箱和公共场所卫生，使黑河城区和瑷珲县乡村卫生旧貌得到明显改观。

回顾革命老区发展史，战火硝烟、冲锋陷阵、流血牺牲，那是怎样的艰苦岁月。今天的幸福生活是无数先烈用生命换来的，没有经过艰苦岁月的人，对苦尽甘来的体会是不深的。因此，回顾历史，使人们了解过去的那段艰难岁月，坚持发扬我党的光荣传统和革命老区精神，铭记历史、缅怀英烈、不忘初心、开拓进取，不断从红色记忆中汲取力量，为实现中华民族伟大复兴的中国梦贡献力量！

第四编★重要革命文物及遗址遗迹

第一章　日伪时期重要建筑物和军事要塞遗址

一、伪瑷珲县公署遗址

伪瑷珲县公署遗址

伪瑷珲县公署遗址位于大东路，即今邮政路与南大街（十道街）交叉路口西北角，1933年1月黑河沦陷后，伪满政府在瑷珲城设伪瑷珲县公署。同年9月，伪瑷珲县公署由瑷珲城迁至黑河街，即在原黑河海关南侧建造了一座二层砖木结构的日式洋房作为办公楼。伪协和会瑷珲县本部设立后，伪瑷珲县公署迁至东路（亦称大东路，即邮政路）南端路西，此处成为伪协和会瑷珲县本部的办公地。1945年黑河光复后，苏军驻黑河卫戍司令部司令官任命孙宝基为瑷珲县县长时期，瑷珲县政府将此楼作为办公楼。同年11月20日，共产党干部肖敬若接任瑷珲县县长。当夜，该楼被反动势力派人纵火焚毁。

1958年黑河地区林管局在此地建办公楼，2005年办公楼拆除建林业职工集资楼。

二、伪黑河省公署遗址

伪黑河省公署遗址位于黑河市区中心地带中央步行商业街西端，黑河市西市场内。1934年12月，伪满洲国在黑河设伪黑河省。伪黑河省公署在黑河中原街（现中央街）路南、迎源路（现西兴路）路东的黑河商会办公楼正式成立，辖漠河、呼玛、欧浦、瑷珲、奇克、逊河、乌云、佛山沿江八县。1937年12月1日，伪黑河省公署将瑷珲县划出部分区域设立伪孙吴县。1943年伪黑河省公署将奇克县与逊河县合并，设立逊克县。

1945年8月，苏联红军出兵解放黑河前，日本特务将伪黑河省公署放火烧毁。新中国成立后，当地政府在伪黑河省公署遗址上先后建市场、学校（后更名为黑河市第二小学）。20世纪80年代末，黑河市第二小学从伪黑河省公署遗址处迁出。此地先后被改建为轻工、集贸市场，现为海华购物中心。

黑河中原街路南伪黑河省公署外景

黑河中原街路南伪黑河省公署内景

三、日本特务机关遗址

日本特务机关遗址
（现西兴路与王肃街交叉路口）

日本特务机关遗址位于迎源路（今西兴路）与大兴街（今王肃街）交叉路口。1933年，日本关东军在黑河设立特务机构，黑河特务机关直属哈尔滨特务机关，哈尔滨特务机关对内称之为关东军情报本部，因此黑河特务机关又称关东军情报部黑河支部，其任务是对苏联和中国人民进行情报、破坏和颠覆活动。其下设3个特务外围组织，即满班外围、露班外围和宣传班外围。1945年8月9日，即苏联红军解放黑河前夕，日本特务焚烧档案后逃离去嫩江，然后被俘。该建筑现为黑河市粮食局和爱辉海事办事处位置。

四、黑河日本宪兵队遗址

黑河日本宪兵队遗址（现黑河电机厂位置）

黑河日本宪兵队是1937年孙吴宪兵本部成立后而设立的一个分队，它的驻址在黑河七道街大东路拐角处，即位于现邮政路与兴华街交叉路口西北角的原黑河电机厂院内，2017年秋因城建需要拆除。它的管辖区域从瑷珲县境内的卡伦山起到黑龙江上游的漠河。黑河日本宪兵队内设特高系、警务系、庶务系，在黑河火车站和黑龙江边设立两处宪兵话所，在邮政局设立了邮件室。在黑河范围内还有山神府宪兵队和满洲宪兵队（位于清真寺附近）。黑河日本宪兵队的主要任务：一是镇压中国人民反满抗日活动。二是对苏联进行谍报和反谍报活动。

五、伪满黑河省公署警察厅特务分室秘密监狱遗址

该遗址建于1935年10月，是日本宪兵、特务和伪满警察关押抗日志士和苏联情报人员的秘密监狱，1945年8月8日被焚烧遗弃。该地位于官渡路与大兴街（今王肃街）交叉路口路北（原市公安局对面），现为黑龙江公园一角。

伪满黑河省公署警察厅特务分室秘密监狱遗址

六、日本绞人机遗址

黑河沦陷后，日本侵略者在海兰公园内修建钢筋水泥建筑物1座，面积约70平方米。该建筑物为日本关东军特务机关秘密行刑室，设有绞人机，人称“杀人工厂”，曾有无数抗日志士和苏联情报人员在此被秘密杀害。1945年8月10日，苏军进攻黑河后将其炸毁，现为王肃公园内一座土石丘，顶端建有一座凉亭，是游人休闲之地。

绞人机遗址，现为公园凉亭，是游人休闲之处

七、黑龙江省航空政局遗址

黑龙江省航空政局遗址

该遗址位于官渡路北段道东，现为爱辉区政府西侧小楼。1933年，由“满洲航空会社黑河出张所”着手筹建黑河民用机场（现爱辉区职业高中位置）。1934年首先开通了黑河至哈尔滨航线，之后又相继开通了黑河至齐齐哈尔、黑河至漠河两条航线。飞机是日本中岛飞行机株式会社制造的“寿”型8人乘和“福卡”6人乘飞机。1958年为黑龙江省民航局接收所用，1969年放弃使用。1984年又开通了稗子沟南山新黑河机场，1993年和2000年后又进行扩建。

八、黑河火车站遗址

该遗址位于现黑河火车站位置。1933年日本侵略者占领黑河后，为了掠夺物资以及准备进攻苏联需要，修建了北黑铁路，在黑河东南方向建一火车站。北黑铁路南起北安，北至黑河埠头，全长302.9公里，1933年6月动工修建，1935年

日伪时期黑河火车站遗址

3月竣工，11月1日全线贯通并投入运营，沿途设有22个车站，11个给水所。“二战”结束后，北黑铁路连同火车站被苏联红军作为战利品拆除并运往苏联。1986年重建北黑铁路，1989年12月建成新的黑河火车站并投入运营。

九、日本神社遗址

日军占领黑河后，为祭奠阵亡的官兵，在黑河西部建造了一个日本神社，供奉亡灵。1945年8月8日前夕将遗骨运回日本，此地被苏联红军和黑河人民拆除，现为黑河林业高层住宅区。

黑河日本神社遗址

十、伪满牡丹江木材工业株式会社黑河支店遗址

该遗址位于黑河市区黑龙江公园东段至黑龙江结雅河口附近。该遗址依江岸东行绵延数千米，在小黑河坝外和江边现存有两处龙门吊座残骸和三个大型水泥排柱。日伪时期，日本侵略者为加强对我国东北木材的掠夺与控制，在黑河建立了木材集散中心。1934年成立了黑河营林署和黑河林产会社。1936年牡丹江木材工业株式会社在黑河建日资支店即牡丹江木材工业株式会社黑河支店。1937年至1938年间，日伪于黑河建立了东、西牡丹江木

材厂，后因西牡丹江木材厂失火，便将黑河东牡丹江木材厂扩建成占地414万平方米特大型木材厂，厂区内铺设了两条铁路，建5个“龙门”（用吊车、绞盘等设备将上游流放的木排拆解分装设施），成为伪满洲国最大的木材厂，当时被称为“满洲木都”。1939年，木材公司每年冬季在大小兴安岭采伐木材，将所采木材编排从黑龙江上游流放至黑河进行初加工，或直接装上火车运往伪满洲国各地和日本本土。1945年日军战败后，苏联红军将牡丹江木材工业株式会社黑河支店所有设备作为战利品拆解运往苏联。新中国成立后，牡丹江木材工业株式会社黑河支店遗址西部厂区被黑河燃料公司和黑河水泥厂所使用，2005年后改建为黑河货运口岸。东部厂区西段被黑河木材公司使用，东段被当地村民开成耕地，成为黑河城郊重要的蔬菜产地。20世纪90年代，黑河城区进行了大规模的城市扩容改造，黑河木材公司搬迁后该遗址改为黑龙江公园和法官公寓。

伪满牡丹江木材工业株式会社黑河支店遗址

十一、长发屯日本关东军江岸监视哨遗址

该遗址位于幸福乡长发屯村西北。20世纪30年代，日军在中苏边境地带派驻“满洲第七国境守备队”。“满洲第七国境守备队”在黑河城区东8公里长发屯村西北江边、黑龙江上游与中游分界点、苏联结雅河口黑龙江右岸建江岸监视哨，并派一部分人员驻守，监视、收集苏军江岸军事情报。1945年8月9日，苏军登

陆黑河前，日军将监视哨炸毁。

长发屯日本关东军江岸监视哨遗址

十二、瑷珲要塞遗址

该遗址位于西岗子镇托力木村西部群山之中，是黑河通往内地的咽喉要道。1933年4月，日本关东军根据军事战略需要，将伪满洲国与苏联为邻的边界地域划分为东部、东北部、北部、西部四个正面战区，拟建14处国境阵地。在北部正面战区，针对苏联阿穆尔州，选定伪瑷珲县的霍尔漠津（现孙吴县境内）、瑷珲（西岗子）、黑河和法别拉、纳金口子四个战略要地构筑国境阵地，先后于1934年春陆续开始施工，1937年末至1939年末完工，分别编为第五、六、七、十三国境阵地。瑷珲要塞又称“满洲第六国境阵地”，是1934年春日军根据其北进计划，在黑河西南50公里处的托里山（日文资料称北门镇）修筑的钢筋水泥筑垒工事和野战工事，于1937年末完工。1938年春，“满洲第六国境守备队”编成并进驻瑷珲要塞。“满洲第六国境守备队”设立之初配有步兵3个大队、2个炮兵大队、1个工兵大队，总兵员3 000余人。其炮兵大队布防位于主阵地的守备队司令部前方阵地中，主要火炮有10厘米加农炮4门、中迫击炮14门、高射炮12门。瑷珲要塞主阵地主要集中在蹄铁山、舟山、北山、东山、南丘（日文资料对西岗子南山地形的标注），建有地下永备工事6组，隧道总长3 401.8米；设垂直竖井55个，水平出口16处，混凝土结构野战阵地11处。在阵地外围敷设了数十公里的铁丝网，司令部周围由炮兵中队担任对空警戒。东山、南丘、西山、北山各阵地由步兵中队派兵把守；各阵地弹药库都设有电网围护，各山阵地和指挥所由步兵、炮兵队联防并设有警戒巡逻队严密防范。

瑷珲要塞蹄铁山阵地碉堡

日本关东军还在距阵地4公里处的西岗子（当时日军称之为瑷珲驿）设置了专门为要塞部队服务的陆军医院、将校俱乐部、将校家属楼等设施。

瑷珲要塞蹄铁山阵地地下主副通道交叉口

日本关东军在瑷珲要塞主阵地两翼的陡沟子（瑷珲要塞主阵地西南，直线距离2公里的长岭山，即黑嫩公路险要地段)和潮水（瑷珲要塞东南，直线距离10公里的潮水山主峰，即北黑公路、北黑铁路与黑河至逊克公路险要地段）分别构筑了陡沟子阵地和潮水阵地，分别筑有大型永备工事，并派精锐部队驻守。1945年7月，日本关东军将“满洲第六国境守备队”改编成独立混成135旅团。8月10日，苏联红军从黑河、瑷珲、坤河和大五家子等地渡江登陆，陆续向瑷珲要塞集结并发起进攻。8月19日，陡沟子阵地、潮水阵地相继被苏军攻克；8月22日，瑷珲要塞主阵地日军放下武器正式投降。瑷珲要塞各阵地十余处筑垒工事多数在战斗中被摧毁，唯蹄铁山与南丘阵地工事除地面设施被炸毁外，其地下隧道基本保存完好。

十三、黑河要塞遗址

该遗址位于黑河市区西南台地，幸福乡红兴村与高地营子村之间的群山之中。黑河要塞又称“满洲第七国境阵地”，1934年春天开始施工，1937年末完工。1938年春，“满洲第七国境守备队”编成入驻黑河要塞。“满洲第七国境守备队”组建之初配有步兵5个中队、炮兵3个中队、工兵1个中队，总兵员1 500人，配备重机关枪62挺、轻机关枪54挺、掷弹筒54只，阻击炮2门、90式野战炮和10厘米榴弹炮各4门、92式步兵炮8门、高射炮10门、94式37毫米火炮16门、迫击炮18门，另配有15厘米加农炮2门（可纵射黑龙江和结雅河口及西伯利亚大铁路阿穆尔州部分干线），战时主要用于配合地面部队进攻、封锁黑龙江江面，阻击苏军水路舰船，截断西伯利亚铁路干线交通。黑河要塞遗址东西纵深2.6千米，南北翼展2.5千米，总占地面积650万平方米，筑有地下永备工事4组，每组地下永备工事一般都设有2个以上出入口。大型地下永备工事隧道主通道宽2米、高2.3米，士兵可分左右两侧上下通行。单兵通道宽0.8米、高1.4米。地下通道通过竖井与地面碉堡、炮位、炮台相连，通道转弯处设有阻击孔。黑河要塞地下永备工事采用开掘式的施工方式施工，地下设施与通道全部用钢筋混凝土浇筑而成，被覆厚度根据用途不同一般在0.25米至1米。各地下工事中，将校指挥室、士兵休息室、哨兵执勤室、哨兵通道、弹药库、贮藏室、配电室、灶房、蓄水池、通气孔、排水槽等各种作战、生活设施一应俱全。日军从1944年4月起陆续向太平洋战场和日本本土抽调驻满洲部队。此时，黑河要塞部分重炮被拆除调往太平洋战场。1945年2月，黑河要塞驻军“满洲第七国境守备队”编入新组建的日本关东军125师团。同年6月，黑河要塞驻军大部随日本关东军125师团调往通化。此后，黑河要塞部分装备及留守人员于同年7月编入新组建的日本关东军独立混成135旅团，转入瑷珲要塞（即“满洲第六国境阵地”，现西岗子南山阵地）。1945年8月8日苏联对日宣战，10日苏联红军在黑河登陆，对黑河要塞重要工事进行定点清除，各处炮台、炮位、碉堡、观察哨、士兵隐蔽部、地下通道多被炸毁。黑河要塞遗址中在丸山、金山、高山（日文资料对黑河高地营子西山、稗子沟北山的标注）现存各类日军工事遗迹115处，其中有地下司令部1处、指挥所5处、弹药库遗址4处、话务室遗址1处、重机枪座遗址9处、水井遗址3处、劳工棚遗址2处、集水池遗址2处、储水窖遗址1处和四通八达的交通壕、野战壕、反坦克壕遗址及山道数条。

伪满洲第七国境阵地地下坑道残骸

黑河要塞遗址于1993年被黑河市政府公布为市级文物保护单位，1995年4月被黑河市委、市政府公布为黑河市爱国主义教育基地，被中共黑龙江省委批准为省级国防教育基地，2001年被中共黑龙江省委命名为省级爱国主义教育基地。

十四、法别拉要塞遗址

该遗址位于上马厂乡上马厂村南山、西山至达音山沿江崇山峻岭之中，法别拉要塞是日本关东军在中国东北最北端修建的以火炮为主的火力攻击集群，主体工程大约于1939年末完成。1940年“满洲第十三国境守备队”编成并进驻法别拉要塞。法别拉要塞火炮隐蔽部被覆钢筋混凝土厚度一般在0.8米至1.5米之间，其中江岸监视塔被覆厚度达1.7米。法别拉要塞隔黑龙江与当时的苏军要塞对峙，主阵地东西纵深4.2千米，南北翼展3千米，总占地面积12.6平方千米。筑重炮隐蔽部30余处，弹药库、指挥部、兵营、炮兵隐蔽部、观察哨、瞭望哨、碉堡及野战工事遍布山野。“满洲第十三国境守备队”编成之初配有步兵4个中队、炮兵及工兵各1个中队，轻机关枪36挺、重机关枪48挺，15厘米加农炮2门、10厘米加农炮和15厘米榴弹炮各4门、90式野战炮1门、38式野战炮3门、94式37毫米火炮及步兵炮各6门、机关炮8门、山炮12门、迫击炮48门，总兵员1 200余人。1941年苏德战争爆发以后，日本关东军在中苏边境开展了所谓的关东军特别大

法别拉要塞掩体工事残骸

演习，其间日军在法别拉要塞以北江岸高山之中，不断补强各类军事工事，并开展了化学毒气战的试验和准备，使黑呼公路法别拉要塞至达音山江岸一线火力大大增强，给战后中国人民造成了严重的伤害。1945年2月，法别拉要塞驻军“满洲第十三国境守备队”编入新组建的日本关东军第125师团。同年6月，日本关东军12师团调往通化。同年8月，苏联对日宣战后，法别拉要塞留守日军按上级指令在苏联红军渡江前向嫩江集结，后在撤退途中被苏联红军歼灭。苏联红军解放黑河后，将法别拉要塞绝大多数掩体工事炸毁。

十五、日本关东军第57师团军营遗址

现该遗址仅存部分建筑残骸

第57师团军营遗址位于爱辉区西南黑加公路26公里处（黑龙江省农垦总局北安分局锦河农场三区山神府），占地3 000万平方米。20世纪40年代初，日本法西斯趁苏德大战正酣之际，在中国东北“满苏”边境地区增派大批军队。日军第57师团1941年8月由日本派驻中国东北，在黑河西南黑嫩公路(现黑加公路26公里处)建规模庞大的军营，并将该地命名为山神府。山神府只是日军为建军营雇用的中国平民和劳工的聚集区，当时仅有十几户人家，是第57师团家属住宅区的一小部分。日本关东军第57师团在该地建有司令部、野战医院、南炮队、鸽子队、东仓库、修理所、宪兵队、兵营、军人会馆和机场等基础设施与

建筑。1942年8月，第二次世界大战太平洋战场形势逆转、日军由攻转守后，从1944年4月起，陆续向太平洋战场和日本本土抽调驻“满洲”日军。1944年9月，日本关东军第57师团调回日本本土。留守部队大部在1945年2月编入新组建的日本关东军125师团，并在同年6月调往通化，少部在同年8月初苏军出兵中国东北前向嫩江方向逃窜。日本关东军第57师团空置的军营多被苏军焚毁，仅存房框。这些房框在60、70年代又被当地人扒砖拆除。现该遗址仅存部分表门残柱和房基、水牢、花坛假山、炮队院墙、街道、操场等建筑残骸。

十六、锦河农场日本关东军野战医院遗址

该遗址位于黑河市爱辉区西南301国道12公里处（黑龙江省农垦总局北安分局锦河农场场部西院）。20世纪三四十年代日本关东军入侵中国东北后，在该地(日伪时期称神武屯，现当地人称锦河农场) 驻有大量军队。为适应对苏作战准备需要，日本关东军在该地建陆军医院、军人会馆、神社、兵营等。锦河农

锦河农场日本关东军野战医院遗址

锦河农场北山日本关东军神社遗址

场日本关东军野战医院旧址占地35 000平方米，1945年日军战败撤退时，纵火烧毁大部建筑。

目前，锦河农场日本关东军野战医院旧址存有三栋砖木结构建筑，除被当地修造厂用作车间、厂房外，还有部分被用作居民住宅和锦河农场文化健身活动中心。

十七、西岗子日本关东军野战医院遗址

西岗子日本关东军野战医院遗址

该遗址位于西岗子镇西岗子村西北部。20世纪30年代，日本关东军入侵中国东北后，将该地(日本人称“新瑷珲”)作为重要军事要地，建瑷珲要塞并派驻大量军队和宪兵。为适应对苏发动战争准备需要，日本关东军在该地建专为瑷珲要塞驻军服务的陆军医院、军人会馆、神社、兵营和将、校家属楼等大批日式建筑。西岗子日本关东军野战医院占地9万平方米，主要建筑结构呈鱼骨状，院内设大型训练场和人工修建的假山，并植青松翠柏。院墙四周有人工挖掘的壕沟，东南各设一组大门与南北路和东西街相通，西北各有农田道与田地相接。日伪时期，这里不仅收治日军伤病员，也曾是残害中国抗日军民的魔窟，常有中苏情报人员、中国抗日军民和无辜百姓被日军送到这里做人体实验。苏联红军出兵中国东北前，西岗子日本关东军野战医院作为独立135旅团新兵训练营使用。1945年8月，苏联红军攻占瑷珲要塞前，所有医务人员和新兵全部进入瑷珲

要塞，与苏联红军对峙十余天后被迫缴械投降。黑河光复后，该遗址收为国有。20世纪60年代，该地为中国人民解放军部队和黑河军分区使用，先后作为训练队、教导队和部队医院办公用房。21世纪初，随着中俄战略伙伴关系的确立，部队医院迁入黑河市区。此地闲置后少部分房屋租给当地商户用作库房，大部分建筑设施闲置。

十八、北黑铁路瑷珲给水所遗址

北黑铁路瑷珲给水所遗址

该遗址位于黑河市爱辉区西岗子镇西岗子村南阿陵河与公别拉河汇合处，紧邻北黑铁路公别拉大桥。该建筑大约建成于20世纪30年代中期，占地1.4公顷，设有较大汲水井、蓄水池和锅炉房等配套设施。其中半地下大型蓄水室钢筋水泥构件顶层四角设有带360度瞭望窗的直径2米的瞭望塔，是日伪时期修建的北黑铁路线上七处给水所中较大的一个。1949年春，为支援全国解放战争，黑河人民对北黑铁路进行了简单修复，达到基本通车水平，为东北腹地运送了大量木材和煤炭。是年秋，北黑铁路再次停止运营。1986年至1989年，北黑铁路进行复建，工程结束通车后不使用该给水所。目前，北黑铁路瑷珲给水所除钢筋水泥浇铸的蓄水室、汲水井未被破坏外，其他设施损毁严重，锅炉房仅剩烟囱较为完整。

十九、黑嫩铁路望峰火车站遗址

黑嫩铁路望峰火车站蓄水窑出入口遗址

黑嫩铁路望峰火车站蓄水窑遗址

黑嫩铁路望峰火车站遗址汲水池遗址

该遗址位于罕达汽镇罕达汽村东南大罕公路23公里处。望峰火车站建于20世纪30年代中期，是黑嫩铁路中型站点。现存站台、汲水井、蓄水池等多处遗址。黑嫩铁路是1934年日伪政府修建的黑河至嫩江军用铁路，全长266公里，沿线设有黑河埠、黑河、神武屯、绿神、山神府、双桥子、铁力、望峰、金水、花园、霍龙门、嫩江等13个站点。1943年秋，因日军太平洋战场节节失利，战略物资匮乏，黑嫩铁路遂被拆除。黑嫩铁路原有路基和站点在20世纪六七十年代当地开发西部山区和“三线”建设中，多被当地人僻为公路或农场建设基地使用至今。

二十、黑嫩铁路支线新青汲水池遗址

黑嫩铁路支线新青汲水池遗址

黑嫩铁路支线新青汲水池遗址位于黑河市新生乡新青村南800米处。20世纪三四十年代，日伪政府为掠夺瑷珲西部山区森林资源，将黑嫩铁路支线延伸至大、小兴安岭结合部林区，在此利用索尔及罕河水建铁路汲水站和大型蓄水窖。现该地存大小集水池遗址各一处、提水站遗址一处、大型蓄水窖两个，分布于山道(原铁道路基)两侧和半山腰上。

二十一、纳金口子铁路桥遗址

纳金口子铁路桥遗址

该遗址位于上马厂乡纳金口子村东3公里处。20世纪三四十年代日伪统治者为掠夺瑷珲西部山区森林资源，将黑嫩铁路支线延伸至大、小兴安岭结合部林区，在此通过法别拉河筑铁路大桥。大桥9墩10孔，全长168米，宽4.5米，拱高8米，桥面两侧设有0.4米高围栏，钢筋水泥结构。“二战”末期，因日军太平洋战场节节失利，造成战略物资匮乏，黑嫩铁路支线钢轨被拆除后改作公路。纳金口子铁路大桥用作公路桥后一直使用至21世纪初。2008年，纳金口子大桥因年久失修、多处桥墩被河水冲坏成为险桥，当地交通部门出于安全考虑在该桥东90米处修一便桥后，该桥停止使用。

二十二、金水侵华日军机场遗址

金水侵华日军白狼机场机库机窝遗址

该遗址位于罕达汽镇罕达汽村燎原屯南部。20世纪40年代初，随着伪满北部振兴计划的实施，日本关东军在伪黑河省不断强化军事设施建设，在瑷珲地域修建了金水、大成、新瑷珲（西岗子）、山神府、四道沟等多处军用机场，并在每个机场附近设兵营，建库房，个别机场还建了数十座飞机库（当地人称“飞机窝”）。“二战”后期，日军在金水附近共修建了3处机场、34座飞机库和9处油料库，占地285万平方米。因财力匮乏，直至1945年日军战败，金水侵华日军机场的许多设施尚未完工，仅有部分飞机跑道可以投入使用。由于这些机场大多建在偏远山区，鲜为人知，战后多被荒草树木所湮没，遗迹保存较好。目前，金水侵华日军机场个别飞机库被牧羊人或林业采伐工人用作临时休息点。

二十三、纳金口子万人坑遗址

纳金口子万人坑遗址纪念碑

该遗址位于上马厂乡纳金口子村东南。1939年，日伪政府为配合日军对苏战备，在伪满洲国推行北部振兴计划，在华北和伪满洲国骗招和强招大批劳工，在伪瑷珲县西部山区修筑机场、兵营及军用公路、铁路和各种军事设施。纳金口子是当时最大的一处劳工集散地。许多劳工因劳累疾病得不到休息和治疗而死去。死去的劳工多被抛尸于纳金口子村东南山沟里，使这里成为尸横遍野的万人坑。1943年9月，为纪念中国劳工殉难，在村西山坡处建“殉职劳务者之碑”。“殉职劳务者之碑”由岩石垒砌而成，坐西朝东，北邻通往山里的公路十余米。石碑由基座、碑座、碑身三部分组成。基座三层，第一层由三阶高25厘米、宽30厘米、长2米花岗岩石板铺设的踏步和用花岗岩垒砌的宽8.4米、长9米的平台。平台上四周立有36根用花岗岩打制的高66厘米、长宽各为15厘米的尖顶石柱。各石柱中间钻有一孔，并用铁锁相连。平台中央是用大型花岗岩垒砌的高56厘米、长4.9米、宽4.7米的第二层基座。第二层基座的中央是用花岗岩打磨成球形(酷似人头)的岩石垒砌的长2.9米、宽2.6米、高78厘米的第三层基座。第三层基座正面中间镶有一打磨精细、表情哀伤的人脸雕件，给人以震撼之感。第三层基座的中央是打磨精细的长1.9米、宽76厘米、高40厘米的花岗岩碑座。碑座上立有长1.18米、宽32厘米、高2.14米的碑身。碑身刻有阴文，正面刻“殉职劳务者之碑”。此碑是当地唯一一处日伪统治时期人们为纪念在日本法西斯残暴统治下死难的中国平民百姓而立的纪念碑。

纳金口子“殉职劳务者之碑”正面和背面颂文

第二章　东北军民和苏联红军遗留的重要历史文物及遗址

一、黑河振边酒厂旧址

黑河振边酒厂旧址位于黑河市区西郊黑洛公路3公里处北侧的五道豁洛山谷中。它是1921年由旅俄华侨徐鹏远（字翔久）投资兴建的以生产酒精、白酒和西皮酒为主要产品的大型酒厂。酒厂由德国工程师按欧洲城堡样式设计，于1924年建成并投产，主要产品销往苏联城镇。酒厂总占地面积14.7万平方米，厂区占地3.5万平方米，总建筑面积8 000余平方米。黑河振边酒厂南北长，东西窄，依山顺谷而建，北临黑龙江，西临小溪，东、西高山掩映。酒厂四周筑有高大围墙，东墙最伟。围墙四角设有岗楼，东北角为最高，既可眺望四野，又可压制东西山冈来袭盗匪。南北围墙各设大门一处。北门设有门楼暗哨，以防江上来袭盗匪。主人寝室西北建有西花园，西围墙设一小门，连通西花园与厂外西边小溪。黑河振边酒厂生产技术、设备先进，在当时国内堪称一流。1933年黑河沦陷后，日伪封锁边境，阻断了对苏贸易。黑河振边酒厂由于没有了销路，加之原材料不足而被迫停产。1938年，因黑河日本特务机关以入股形式将该厂改为株式会社而恢复生产，其生产的医用酒精和工业酒精大部分供日伪军使用。1945年8月，该厂因战事停产。1948年，黑河振边酒厂被收归国有，更名为黑河酒精厂。60年代初，黑河酒精厂停产下马后，该厂由爱辉县工业局管理。1972年该厂区租给705地质勘探队使用。1978年，该厂旧址划给黑河航运局（现为黑河港务局）作为船坞及办公室。2000年，北京和上海电视台与作家刘邦厚、黑河地方铁路黑骏马文化传播有限责任公司合作，以徐翔久创办黑河振边酒厂为素材、以该厂区为主景，拍摄了电视连续剧《黑龙江三部曲》，再现了清末民初、伪满和解放初期，黑河民族资本主义发展的艰辛历程。黑河振边酒厂旧址于1993年被黑河市政府公布为市级文物保护单位，2005年被黑龙江省政府公布为省级文物保护单位。

黑河振边酒厂旧址

二、马占山公馆旧址

马占山公馆始建于20世纪初期，是旅俄归侨张德馨私邸。在20年代末期和30年代初期是黑龙江警备三旅、黑河警备司令、黑龙江省代省长马占山将军公寓。它是一座二层砖混结构俄式建筑，位于大兴街（现王肃街）与邮政路交叉路口北侧（坐北朝南），即现在的国际饭店西侧70米处，当地人称“将军楼”。1945年黑河光复后被军方所用，后出租开过饭店。2000年因城建需要拆除。

马占山公馆旧址

即将奔赴抗日战场的马占山将军

马占山兵营旧址，后改为黑河军分区干部家属房，2000年拆除

位于黑龙江公园内的马占山将军铜像

三、苏联红军对日宣战出兵中国东北黑河登陆地旧址

1945年8月9日苏联红军出兵东北登陆黑龙江黑河口岸旧址（现黑河码头）

登陆地旧址位于沿江街西端，占地面积10.78万平方米。1945年8月8日，苏联正式对日宣战后，苏联红军远东第二集团军红旗军团396步兵师、368山炮团、259坦克旅和101守备队总计22 845名官兵、161辆坦克、429门大炮和上百架飞机，自8月10日起分别从黑河、瑷珲、坤河和大五家子等地渡江登陆对日作战。1945年8月10日午后，苏联红军在黑河西渡口登陆并迅速南进。黑河解放后，该地先后被黑河港务局、黑河水泥厂、黑河海关货场等多家单位分别用作码头、车间、库房和货场等办公和经营用地。

四、黑河苏军卫戍司令部旧址

苏联红军司令部黑河卫戍司令部旧址（萨哈亮餐厅，1945年12月）

该遗址位于王肃街（原大兴街路北，伪大兴典当对过，原萨哈亮餐厅旧址），苏联红军远东第二集团军红旗军团进占黑河后，将大兴典当对面的萨哈亮餐厅作为黑河苏军卫戍

司令部，1946年3月，苏军撤回苏联，将其移交黑河中心县委和黑河民主联军使用。该楼早已拆除，现为黑龙江公园一角。

五、苏联红军攻克日军潮水阵地战斗遗址

该战斗遗址位于西岗子镇境内潮水山主峰（黑龙江省农垦总局北安分局红色边疆农场潮水分场营部东南3公里），占地54.76万平方米。潮水阵地是扼守北黑公路和北黑铁路咽喉的重火力点。

苏联红军攻克潮水阵地战斗遗址日军地下工事残骸

其地理位置险要。当年为拔下这个钉子，苏联红军自8月11日起投下重兵，与盘踞潮水阵地的日军展开艰苦的战斗。经过八天的苦战，苏军在付出巨大牺牲后终于战胜潮水阵地日军，攻克了潮水阵地，为苏联红军南下作战打开了门户。

六、苏联红军攻克日军陡沟子阵地战斗遗址

该战斗遗址位于西岗子镇境内长岭山主峰（西沟坡南、板桥沟北、长岭山山梁一带），占地106.47万平方米。陡沟子阵地作为瑷珲要塞右翼扼守黑嫩公路咽喉阻击点，地理位置险要。1945年8月14日，苏联红军在西进的路上与陡沟子阵地日军遭遇，经过两天苦战，苏联红军突破了陡沟子阵地日军封锁继续西进，并于8月19日歼灭盘踞在陡沟子阵地的顽敌。

苏联红军攻克陡沟子阵地战斗遗址炮兵阵地残骸

七、苏联红军攻克日军二站阵地战斗遗址

苏联红军攻克日军二站阵地战斗遗址

该战斗遗址位于二站乡大石庙山主峰（黑嫩公路146公里处），占地49万平方米。二站阵地是日军在苏军出兵中国东北前最后时刻在黑嫩公路修筑的一组野战工事，地处黑嫩公路山坡地带。8月16日苏联红军先头部队在西进的路上与二站阵地日军展开激战。经过四天多苦战，苏军彻底消灭了二站阵地顽敌。

八、西岗子苏联红军烈士塔

苏联红军烈士塔位于西岗子镇西岗子村中心广场。1945年10月，瑷珲县民主人士与苏联红军为纪念在攻克日军瑷珲要塞战斗中牺牲的苏联红军将士，在西岗子镇西岗子村中心地带建苏联红军烈士塔一座。2005年6月，爱辉区政府在原址对其进行重建，将该地段辟建成镇中心广场。重建后的苏联红军烈士塔占地169平方米，划定保护区550平方米，砖混结构，塔高6米，塔前设一红色两层坡面方台，第一层长4.5米、宽4.5米、高0.4米，第二层长4米、宽4米、高0.4米，方台中央是由钢盔、冲锋枪和玫瑰花图案组成的大型浮雕。主塔和方台四周是由铁链相连的28个0.5米高的铁柱围成的小广场，广场四周铺有水泥地砖。2010年5月，黑河市政府在该塔南侧增设中、俄文碑志。中文碑志：“1945年8月11日，为支援中国人民抗日战争，苏联红军经黑河出兵中国东北。8月12日至22日，苏联远东第二方面军红旗第二集团军所属396步兵师和258坦克旅与盘踞在西岗子南蹄铁山的日军135混成旅激战11天，毙伤日军1 480人，俘虏4 520人，取得胜利。苏军伤亡1 000余人，部分牺牲苏联红军官兵安葬于此。1945年10月，为纪念苏联红军所做出的贡献，黑河军民在此修墓立碑。在中国抗日战争暨世界反法西斯战争胜利60周年之际，原址重建，永志纪念。”

西岗子苏联红军烈士塔
和烈士墓

西岗子苏联红军烈士塔碑文

西岗子苏联红军烈士塔于2007年6

月被黑河市委、市人民政府公布为市级爱国主义教育基地。

九、黑河苏联红军烈士塔

修葺前后的苏联红军烈士塔

苏联红军烈士塔位于市区王肃街东段的王肃公园内堤岸南侧。该烈士纪念塔是1945年秋黑河人民为纪念在解放黑河的战斗中牺牲的苏联红军，在黑河海兰公园（现名王肃公园）内修建的砖混结构烈士塔。1945年11月25日，黑河人民举行隆重的苏联红军烈士塔落成典礼。苏联红军烈士塔面江朝北，占地200平方米。塔高7米，分上下两层。下层为长宽各3.5米、高1.9米的长方体基座。基座东西两面刻有中文“一九四八年八月九日至九月三日为保卫社会主义祖国独立和平并解放中国人民而对侵略的日本作战尊贵牺牲的英雄们永远光荣不朽”缅文各一，北面刻有俄文缅文。塔身为下底边长2.5米的四棱锥体，正面镶有中俄文“苏联红军烈士塔”镏金大字，塔尖为苏联红军徽章（内有镰刀、斧头标识）。塔背后设有方形花坛，纪念塔与花坛周围设有24个铁环相连尖顶方墩环卫四周，北设开口，方墩外围是修剪整齐的榆树墙。2003年，黑河市民政局对其重新修缮和装饰，为塔表面镶嵌了红色大理石，2015年再次修葺，塔表镶嵌了墨绿色大理石，“苏联红军烈士塔”改为繁体字，塔身南侧花园改为烈士墓园。黑河苏联红军烈士塔所在的王肃公园于2007年6月被黑河市委、市政府公布为爱国主义教育基地。

第三章 中共重要革命文物及历史遗址遗迹

一、中共黑河中心县工作委员会旧址

中共黑河中心县工作委员会旧址（大兴当，1945年11月）

中共黑河中心县工作委员会旧址位于黑河市迎恩路西与王肃街路口西北及西南至海兰街路北，东西长130米、南北宽120米的区域。1945年11月，中共中央东北局和中共黑龙江省工委先后派王肃、岳林、薛志侠等干部进驻黑河，开展建党、建军、建政，开辟黑瑷战略根据地，组建中共黑河中心县工作委员会（简称地工委），1947年1月1日改称为中共黑河地区委员会（简称地委）。在原大兴街（现王肃街）路南，迎恩路西“大兴当”办公，现为中苏旅俄华侨纪念馆楼的西部黑河日报社家属楼。

二、黑河行政办事处旧址

该楼原为伪瑷珲县公署，位于大东路，即邮政路与南大街交

黑河行政办事处旧址，原址在黑河地区
原林管局位置，现已拆除

黑河行政办事处旧址，办事处被焚毁后迁入
海兰街原市公安局和海参养生楼所在位置

叉路口西北角。1945年8月15日光复后，瑷珲县政府与黑河行政办事处合署办公（主任胡宇翔），将此楼作为办公楼保留下来。后因该楼被反动势力派人纵火焚毁，然后搬入原兴隆街（现海兰街）路北官渡路与迎恩路之间位置。1958年黑河地区林管局在此地建办公楼，2005年拆除建林业职工集资楼。

三、黑河人民自治军司令部旧址（第一处）

1945年11月19日，经黑河苏军卫戍司令部同意，中共黑河中心县工委在伪专卖局（通济当铺）旧址，原大兴街（现王肃街）路南，迎恩路西（现黑河旅俄华侨纪念馆位置）建立第一个黑河人民自治军司令部，同年12月末搬迁到黑河城郊上二公屯士绅姚伯祥家，1946年3月搬迁到伪交通部黑河土木工程处旧址（黑河市第三中学校园内，现已拆除），最后又搬迁到黑河苏军卫戍司令部旧址，原大兴街（现王肃街）路北，大兴当对面，原萨哈亮餐厅旧址办公。1960年黑河军分区搬迁到南岗环城南路外侧办公。

黑河人民自治军司令部旧址（1945年11月）

四、黑河人民自治军司令部旧址（第二处）

该旧址位于爱辉区幸福乡上二公屯东南部。原是黑河士绅姚伯祥于1919年修建的一座坐北朝南、带有阁楼的欧式风格砖木结构的5间大房，建筑面积133平方米。1945年8月10日苏军解放黑河

黑河人民自治军司令部上二公屯旧址（1945年12月至1946年2月）

后，12月末，苏军要求刚刚组建不久的黑河人民自治军司令部迁出，然后司令部搬迁到距黑河城区5公里外的上二公村姚伯祥家办公。1946年2月，司令部又迁至黑河城区东门外伪交通部黑河土木工程处旧址。

五、东北民主联军黑河军分区司令部旧址（第三处）

1946年1月14日，黑河地区人民自治军改称东北民主联军黑河军分区（简称黑河军分区）。2月，黑河军分区司令部从上二公屯迁至黑河城区东门外伪交通部黑河土木工程处旧址，该楼是砖混结构二层日式楼，新中国成立后为黑河第一中学学生宿舍和锅炉房，已拆除，现为黑河三中校舍位置。该部边上有一座红砖平房为黑河军分区干部宿舍。该地现为黑河教育大厦暨黑河市教育局。

伪交通部黑河土木工程处，当时为东北民主联军黑河军分区司令部旧址

1946年3月，黑龙江省警备三旅指战员与黑河军分区干部共同剿匪时在红砖房合影

六、东北银行黑河地区办事处旧址

东北银行黑河地区办事处（亦称东北银行黑河地区分行）旧址位于黑河市海兰街路北（元茂昌商号）。1946年9月7日，东北银行黑河地区办事处在元茂昌旧址正式成立。1948年10月，东北银行黑河地区分行并入黑河专署实业局。东北银行黑河地区办事处建立两年多，在极其困难条件下，发行了东北流通券、黑河流通券，稳定了黑河金融秩序，缓解了地方财政困局，为保障黑河党政军群各机关的正常运转和地方经济的恢复与发展打下了坚实的基础，稳定了黑河的战后局势。这幢楼房后为地委办公所用，现为大洋有限责任公司。

东北银行黑河地区办事处旧址
（元茂昌，1946年9月）

东北银行黑河地区办事处旧址，现为大洋有限责任公司

七、中共黑河地区委员会旧址

中共黑河地委南楼旧址（1946.09—1 984.08）

中共黑河地委南楼旧址（1946.09—1984.08），现为大洋有限责任公司

中共黑河地区委员会（简称地委）旧址位于黑河市迎恩路西、海兰街北和王肃街南区域。1947年1月，根据中共中央东局西满分局指示，中共黑河中心县工作委员会改为中共西满分局第五地区委员会，又称中共黑河地区委员会（简称地委）。中共黑河地委成立之初仍在大兴街（现王肃街）路南、迎恩路西，原中共黑河中心县工委旧址办公。1984年夏，中共黑河地委迁至黑河市海兰街139号（现爱辉区政府大院）。

八、黑河日报社旧址

该楼原为1920年旅俄华侨毕凤芝投资兴建的“通济当铺”，是一幢欧式风格的砖木结构二层楼房，日伪时期为专卖局。1945年黑河“光复”后用作黑河人民自治军司令部办公用房。1946年8月1日《黑河日报》在此创刊，新中国成立后一直作为报社办公场所和印刷厂，以及地直机关所用。

《黑河日报》创刊旧址（1946年8月）

九、瑷珲县人民政府旧址

伪满黑河公署警察署旧址，后为瑷珲县、爱辉县、黑河市、爱辉区人民政府办公地点

该楼位于原六道街（现兴安街）与迎恩路交叉路口处西北角，它是旅俄华侨金秉恒（朝鲜族人）于1919年出资建造的大楼，曾开办庆陞恒商号、旅店、庆兴隆杂货铺、惠汇当铺。1933年后被伪满黑河公署警察署所占据，1945年8月8日，在苏联红军炮轰黑河时，日

军特务逃离时将其遗弃。同年11月瑷珲县政府成立，由于原办公地点被反动势力烧毁，县政府搬迁此地将其作为办公用房。新中国成立后一直为瑷珲县、爱辉县、黑河市和爱辉区人民政府办公用房，这是一座青砖楼，风格古朴典雅，2000年因城建需要将其拆除，重建宏志商厦。

十、瑷珲公安队办公旧址

该旧址位于瑷珲镇人民政府办公楼右侧。该建筑建于20世纪初，为砖木结构，欧式风格。1945年8月黑河解放后，中共黑龙江省工委派干部先后进驻黑河并在瑷珲等地开展建军、建政工作。瑷珲公安队建立后利用该房作为办公地。新中国成立后，瑷珲镇政府在此建立卫生院，作为瑷珲镇卫生院的仓库用房。现被瑷珲镇政府辟建为非物质文化遗产——手工艺馆。

瑷珲公安队办公旧址

十一、东北抗日联军上马厂战斗遗址

战斗遗址位于上马厂乡上马厂村。1939年2月，张光迪率东北抗联第三军六师七八十名抗联战士摆脱日伪“讨伐队”围追堵截进入上马厂村后，遭遇

东北抗日联军上马厂战斗遗址

日军巡逻队，双方展开激战。抗联战士最终冲破日军封锁线，过江越境进入苏联休整。

十二、东北抗联三路军三支队攻克兴安金厂（罕达汽金矿）战斗遗址

东北抗联三路军三支队攻克兴安金厂(罕达汽金矿)战斗遗址

东北抗联三路军三支队攻克兴安金厂(罕达汽金矿)战斗捣毁发电厂遗址

该战斗遗址位于罕达汽镇罕达汽村东南部。1941年6月初，东北抗联三路军三支队离开朝阳山根据地，沿着科洛河右岸山林北上，于22日到达原瑷珲县兴安金厂(罕达汽金矿)附近。23日，支队长王明贵率60余人夜袭瑷珲县兴安金厂(罕达汽金矿)护矿的日伪军，捣毁了采金船和日军仓库，并缴获长短枪43支、子弹15 000多发、伪币1万元、黄金10余两、马34匹以及白面、服装等物资。此次战斗有力地打击了日本侵略者，鼓舞了当地民众的士气，同时为部队补充了给养。

十三、王肃烈士殉难地遗址

1946年6月12日，王肃去北安参加省委会议返回黑河途中，经松树沟村至黄金子地段时遭土匪杨青山所部张海袭击，王肃与随同来的黑河军分区政治部主任刘光烈、参谋江燕（女）和十余名警卫人员当即壮烈牺牲，时年32岁。

1986年6月王肃烈士牺牲40周之际，为纪念王肃烈士，黑河地委和黑河市委在王肃遇难地（后欢洞村西）修建纪念碑。后因纪念碑位置狭小，碑体、围墙和立墙出现破损，2013年夏，爱辉区政府对原纪念设施进行了重新维修，扩展面积，使之面貌焕然一新。

1986年修建的王肃烈士殉难地纪念碑

2013年改造后的王肃烈士殉难地纪念碑

十四、王肃桥旧址

1950年，瑷珲县政府将西岗子镇至黑河公路上，王肃遇

王肃桥旧址

难地后欢洞村附近的一座木桥命名为王肃桥。1978年10月，爱辉县政府又对王肃桥进行了改建，成为永久纪念。改建的王肃桥桥头现在依稀能够看见“王肃桥”字样。2011年，在修建黑嫩公路时重建一座桥梁，距离原王肃桥西侧仅有百余米，但桥头上没有标明“王肃桥”字样。

十五、王肃街旧址

王肃街，原名大兴街，黑河的原住户习惯称为二道街，形成于1910年。1915年根据黑河的发展，城镇重新规划，对该街基重新丈放，整修时被定为大兴街。

今日的王肃街

1945年10月底到1946年6月中旬，王肃任黑河中心县委书记、黑河地区人民自治军（黑河军分区前身）司令员兼政治委员时，曾两次将自治军司令部建在大兴街。1947年瑷珲县人民政府为了永远纪念王肃烈士，将大兴街改名为王肃街。1983年爱辉县与黑河市合并后仍定名为王肃街。

2002年随着黑河市中心东移，王肃街由通江路进一步向东延伸至黑河市液化气站。现在的王肃街西起电厂北路，东至液化气站，全长4 137米，成为黑龙江畔一条景色秀丽的滨江景观路。

十六、王肃公园旧址

王肃公园位于黑河市王肃街东段的黑龙江畔堤岸南侧。王肃公园始建于1918年，由黑河镇守使八英额主持修建，占地约2万平方米，初建时称海兰公园，当地人称东花园。1946年5月，黑河人民为纪念李兆麟将军及东北人民抗日斗争中牺牲的革命烈士，将海兰公园更名为兆麟公园。同年6月，王肃同志牺牲后被安葬于公园内。1952年，兆麟公园更名为黑河人民公园。

1952年落成时的王肃烈士墓地和烈士塔

2007年修建的王肃铜像和2013修葺后的烈士塔

1981年，为纪念王肃烈士，黑河人民公园更名为王肃公园。王肃墓为棺椁型青冢。墓冢面西而卧，四周设有19个高1米左右由两根上下排列寸管相连的尖顶水泥方墩，墓前设有高1.6米、宽1米的“宜”字形铜刻水磨石抹面的水泥墓志铭。墓冢正面刻有繁体楷书“王肃墓”，

2013年修葺后的王肃烈士墓

墓道口两侧较大“串”字形尖顶水泥方墩刻有繁体行书“万古长存”“永垂史册”。2006年，王肃亲属及黑河各界集资在王肃墓西5米处为王肃烈士立一半身铜像。铜像高3.35米，宽1.5米，占地4平方米。碑座为天然墨色大理石贴面，上刻“王肃同志(1914.4—1946.6)”。碑身王肃雕像表情刚毅、肃穆，面西南。2013年10月，黑河市政府对王肃公园中的王肃墓进行了改造。1946年9月，当地政府为纪念在黑河解放战争中牺牲的革命烈士在公园内建烈士塔，塔身呈三棱锥形，砖混结构，高8米，由基座、塔座和塔身三部分构成。基座为边长4米、高0.5米的正三棱体，表面镶有墨色大理石；塔座为边长3米、高1.2米的正三棱体，塔座正面镶嵌着用墨色大理石雕刻的毛泽东手书“死难烈士万岁”，塔座侧面分别镶嵌着用墨色大理石雕刻的51位在黑河地区牺牲的烈士名录；塔身为下底边长2.5米、上底边长0.5米、高4.5米尖顶三棱锥体，塔尖顶端上竖1.8米长镶有铁质红色五角星。塔身三面均分别有“烈士塔”三个遒劲有力的大字和为“中国独立民主和平而牺牲之英雄永垂不朽”。“一九四六年建”小草书。烈士塔挺拔凝重，富有气势。

2013年10月，黑河市政府对烈士塔进行了改造。2007年6月，王肃公园被黑河市委、市政府公布为市级爱国主义教育基地。

十七、黑河烈士陵园

黑河烈士陵园位于黑河市区南郊黑嫩公路2.5公里处。1949年5月，为缅怀在抗日战争和解放战争中牺牲的烈士，黑河专署在黑河南门外（现黑河列车段停车场东侧）修建黑河烈士陵园，筑砖混结构烈士纪念塔后，陆续将62座烈士墓迁入该地。纪念塔于1950年9月18日竣工。1982年黑河行署对纪念塔进行修葺。1992

年该陵园迁移到现址，并于2007年6月被黑河市委、市政府公布为市级爱国主义教育基地。2010年黑河市民政局对黑河烈士陵园进行修葺，并更名为烈士公园。修缮后，公园占地2.26公顷，四周设有红砖和塑钢栅栏围墙，内植有大量树木、草坪，地势平坦，林木茂盛。新烈士纪念塔坐北朝南，塔高20米，三层结构。底层为打磨精致的长20米、宽16米花岗岩基座，基座东、南、西三面各设10级台阶，台阶与基座四周设有花岗岩围栏。基座中心为塔座，塔座长7米、宽5.5米、高3米，表面为花岗岩贴面和墨色大理石贴面，正面正中刻有横排墨底金字毛泽东手书“死难烈士万岁”，塔身四周贴有花岗岩贴面，正面中央为红色大理石贴面，上刻“抗日暨爱国自卫战争烈士纪念碑”14个金字，塔的上方嵌有一枚中国共产党党徽，塔顶为一枚红色五角星。纪念塔西侧为烈士墓地，烈士墓地周围植有苍松翠柏。

抗日暨爱国自卫战争烈士纪念碑

烈士陵墓

十八、黑河王肃电影院旧址

黑河王肃电影院旧址

王肃电影院最早是由民国时期的同乐茶园改建的，初期称作“明星电影院”，后改为“海兰电影院”。主要放映上海各电影公司的影片，后期增放一些译制的日本影片。1947年6月为纪念王肃烈士牺牲一周年将其改名为王肃剧场，1951年王肃剧场转为国有单位，改名为王肃电影院，一直作为电影院和爱辉县、区文化局办公场所，2004年电影院进行改制，将其出售。

十九、黑河兆麟联立中学旧址

黑河兆麟联立中学由来：为纪念东北抗日联军第三路军将领李兆麟，1946年5月7日黑河中学改名为兆麟中学，同年8月8日与黑河女子中学合并，更名为黑河兆麟联立中学。当时地工委在该校秘密发展党团员作为革命骨干力量。1949年初改为黑龙江省第十一中学，新中国成立后改为黑河第一中学，然后搬迁到东门外现第三中学位置。原址改为黑河第四小学，第四小学迁走后，现为青年旅行社等商服区。

黑河兆麟联立中学旧址

二十、黑河和平医院旧址

1945年10月5日，成立黑河公立医院，1946年4月25日改为和平医院，隶属黑河军分区政治部领导，医护人员来自黑河、讷河等地。1946年6月25日，洪学智率部来黑河剿匪，将带来的医护人员并入和平医院，开始分内、外科，主要任务是抢救伤病员和地方防疫工作。住院部和门诊部是日本人所建两层砖混结构小楼，90年代因城建需要被拆除。现旧址外侧是地房开45号楼，内侧旧址是安特快捷宾馆。

黑河和平医院住院部旧址

二十一、黑河保卫战旧址

1946年6月17日，杨青山匪帮从东门外由此进攻黑河

据史料记载和李纯珊、滕忠民等老战士回忆，1946年6月17日，黑河保卫战指挥部设于大兴当和元茂昌货栈，在迎恩路和大兴街（现王肃街）、兴隆街（现海兰街）交叉路口设置

防御工事，另外在西兴路与南大街（现文化街）交叉路口、东兴路与八道街（今兴华街）交叉路口设置了防御工事，迎击来犯之敌。

迎恩路与王肃街、海兰街交叉路口处，是黑河保卫战主要防御工事之一

黑龙江公园母亲雕像右侧是著名的喇嘛台，警卫第四连连长何学东于此处狠狠打击敌人

东兴路与兴华街交叉路口，是黑河保卫战防御工事之一

西兴路与文化街交叉路口处，是黑河保卫战防御工事之一

第五编★新中国成立后老区的巨大变化

第一章　解放战争初期的大生产运动

第一节　由武装斗争转移至发展农业生产

1945年12月15日，中共中央下发《一九四六年解放区的工作方针》指出，1946年各解放区中心任务之一，是开展生产运动，改善人民生活，务使农业和工业有一定发展。按照中共中央指示，为巩固新生的民主政权，解决人民基本生存问题，支援全国解放战争，1946年中共黑龙江省委在《关于黑河工作方针与政策的决定》中提出“为生活而斗争”的方针，要求黑河地区从1947年春开始，把工作重点由武装斗争转移至发展生产繁荣经济的轨道。按照省委决定的要求，各级党组织和民主政府千方百计为民着想，积极领导开展农业大生产运动。

为了响应上级号召，1947年4月22日，黑河专署召开春耕生产动员大会。5月8日，中共黑河地委在《关于生产问题给各县委的信》中强调，把生产搞上去是各级领导的头等大事。根据省、地委指示，中共瑷珲县委在大生产运动中采取一系列措施，贯彻落实中央、省、地文件和指示精神，把工作重点由武装斗争转入发展生产恢复经济建设的轨道。

第二节　党领导农民开展大生产运动

解放战争初期，瑷珲县域社会秩序混乱，乡间土匪猖獗，农耕所用马匹被大量抢夺，致使农业生产严重缺少畜力，人心浮动，大批农田荒芜，群众生产生活处于极端艰苦的境地。在土匪基本肃清、社会趋于稳定时，瑷珲县委、县政府按照上级指示精神，开始抓农业生产和经济建设。

1947年2月18日，东北行政委员会发布《生产令》指出：凡各地农民分得之土地，一律由政府发给地照，以确定并保证其土地所有权。同时要求：凡个人之土地，不论原有者及分得者，由地方政府切实督促，一律按时耕种，不得荒芜。为了响应上级号召，中共瑷珲县委采取有力措施，积极开展农业大生产运动。

一是，发放土地证保证土地所有权。土地改革运动后，为了保护个人土地的所有权不受侵犯，让分得土地的贫下中农放心托底，东北行政委员会下达命令，由该会发给老百姓土地执照。1948年10月18日，黑河专署在瑷珲县瑷珲区黄旗营子等4个村屯进行发放土地执照试点，7天后在全县铺开，保证了老百姓的合法权益，极大地调动了他们的生产积极性。

二是，发展农业生产解决粮食自给。1947年4月，中共黑河地委要求各县委做好6件事：（1）干部带头下基层，狠抓春耕生产。（2）深耕细作，保护春苗。（3)发动群众大开荒。(4)劳武结合。（5）培养劳动模范。（6）改造村政权。5月19日，中共黑河地委做出《关于发动大开荒运动的决定》，提出：1948年全区粮食达到自给的发展目标。同时要求县领导亲自带队下乡宣传动员大开荒，督促检查落实情况，并制定了奖惩办法：凡是有牲畜不开荒者给予处罚，凡开荒有成绩者给予表扬。无论生荒地、撂荒地、有主无主者，谁开荒归谁种，免税3年。这一惠民政策极大地鼓励和调动了广大群众的生产积极性。党政机关干部带头参加生产，同时动员日伪政权垮台动乱时期离开家乡的农民回乡开荒种田；另一方面动员城里一些小商人、失业工人、赶车养马户也参加开荒或下乡务农。仅1948年，黑河城区就有3 000多人到农村务农。经过一年的努力，1948年的耕地面积比1947年增加了三分之一以上，1949年全县开伏荒55 000多亩，给农业大生产运动和全瑷珲县粮食生产打下了坚实的基础。

三是，鼓励劳动致富奖励劳动模范。1948年，经过土改运动，广大农民获得了土地，实现了耕者有其田。但在发展生产过程中，有些人对民主政权在农村的政策不太理解。特别是有些人产生了“左”倾的思想倾向，在思想上产生了许多顾虑，个别农民中一度出现“穷光荣、富可耻”的错觉，怕秋后多打粮食被清查或挨斗。针对这种情况，各级党组织和民主政府颁布了一系列有关确定人民群众财产私有权和鼓励农民发家致富的规定，稳民心鼓士气。1948年4月11日，黑龙江省政府发出生产动员令，布告在瑷珲县各地张贴。布告中再次申明：保护私有权，奖励勤劳致富。1947年、1948年两年秋后，地委两次发出通知，决定在各县选举劳动模范。人民群众敲锣打鼓欢送戴着大红花的劳动模范到区里、县里开劳模大会。特等劳动模范的奖品是一匹膘肥体壮的大红马。由于党领导农民开展农业大生产运动，调动了贫下中农的生产积极性，全县农业生产连续两年获得大丰收。1948年粮食产量3 800多万斤，1949年产粮5 000多万斤，不但自给有余，还有力地支援了全国解放战争和经济建设，为新中国诞生献了厚礼。

第二章　新中国成立后生产体制的变革

第一节　农业生产体制的变革

新中国成立以后，随着时间的推移，瑷珲县农业生产体制进行了一系列的变革。1948年，在共产党的领导下，革命老区瑷珲县经过土地改革运动，土地占有形式由地主富农占有大量土地，变为耕者有其田。封建剥削制度被消灭了，产品分配形式发生了根本变化，农民除向国家交一定的租金外，其余产品全归己有。翻身当家做主人的贫下中农从内心里感谢共产党。为了报答党的恩情，他们同心协力地把生产搞上去，用多交粮、交好粮的实际行动来报答党的恩情。党和民主政府则因势利导，努力把农业生产当作主要工作来抓，放在重中之重的位置上，引导农民发展生产勤劳致富。

瑷珲县委、县政府通过分析形势、广泛调研进一步统一了思想，明确了方向：瑷珲县是黑龙江省北部边疆偏远县，必须牢记无农不稳这一道理，坚持走发展农业生产为主、带动其他各业共同发展的道路。首先解决人民群众的温饱问题，然后再作长远打算。在生产自救的同时安定民生恢复经济，带领人民群众尽快走上致富之路。

一是发动农民组织互助组。瑷珲县的互助合作运动出现于1948年土改运动结束以后。贫下中农分得了土地，但畜力比较少。有的人家有畜力没有农具，有的人家有农具没有畜力，有的人家缺少劳动力甚至无籽种等。为了让有地者种上地，秋天有个好收成，提高农民生活水平，党和政府号召农民采取自愿两利的原则组织插具小组，这就是最初的互助组。

这些互助组的情况各不相同，有的是季节性的，有的是长年的，有些互助组还不太稳定。每个互助组都有组长领导生产，定期清工结账。互助组的农民仍然以一家一户为生产单位，生产资料仍然为个人私有。土地经营不统一，只是用插具换工的形式组织起来共同劳动，提高了生产效率和抵御一般自然灾害的能力。互助合作小组一直坚持到1952年达到高峰，后来逐渐地被农业合作社所取代。

二是初级农业合作社。初级农业合作社是农业合作化过程中建立起来的半社会主义性质的集体经济组织。它以土地入股统一经营为特点，社员共同劳动，按劳力和土地多少进行分配，土地和主要生产资料仍归个人所有。它是个体农民从劳动互助组走向高级农业合作社的过渡形式。

瑷珲县初级农业生产合作社从1952年开始试办。这年春天，由中共黑河地委和瑷珲县委在二区（四嘉子乡）试办了两个土地入股、统一经营的初级农业生产合作社，即小乌斯力杨柏林初级农业生产合作社和下二公王昌泰初级农业生产合作社。土地连片、劳力集中，采取当时比较先进的农业技术，第一年就获得了好收成。杨柏林初级社小麦平均亩产133斤，丰产地块亩产达到220多斤。王昌泰初级社有60亩小麦，亩产273.3斤。到1954年末，全县初级农业生产合作社发展到72个，入社农户1 806户，占全县农户总数的28.79%。

三是高级农业生产合作社。1955年7月31日，毛泽东主席作了《关于农业合作化问题》的报告，提出农业合作化的高潮在全国范围内即将到来。中共瑷珲县委于8月29日至9月3日召开了全县农村党员大会，会上传达了毛主席的报告，对全县建、扩社工作做了安排。1955年末，一些较好的初级农业生产合作社在学习毛主席的报告和党的七届六中全会精神之后，纷纷办起了高级农业生产合作社。

高级农业生产合作社是由初级农业生产合作社发展起来而形成的，是农业合作化过程中建立的社会主义性质的集体经济组织。特点是土地、耕畜、大型农具等生产资料归集体所有。取消了土地报酬，实行按劳分配的原则。1956年初，全县建立起高级农业生产合作社54个，入社农户7 032户，占农户总数的98.58%，全县实现了高级合作化。

四是全县实现了“人民公社化”。在全国“人民公社化”的推动下，爱辉县于1958年办起了9个人民公社。它是集工农兵学商为一体的集体经济组织，实行管委会、生产大队、生产队三级管理，以生产大队为统一核算单位，土地等生产资料仍归集体所有。这个时期走过一段曲折道路，出现了“一平二调”“共产风”“浮夸风”等现象，接着遭受了三年自然灾害，爱辉县群众度过了一段艰难困苦时期。

第二节　农业经济体制的改革

1979年以来，在党的十一届三中全会精神指引下，全县农村干部、社员认真总结过去的经验教训，在党和政府领导下，从实际出发，逐步建立起多种形式的生产责任制。把责、权、利同社员利益更紧密地结合起来，进一步克服平均主义，打破了“大锅饭”，调动了广大社员的生产积极性。到了1983年初，全县农村普遍实行了各种形式的家庭联产承包责任制，同时农村的专业户和重点户也大批地涌现。

改革开放和党的惠民政策，使农村生产、生活和经济走上了兴旺之路。特别是党的十八大以来，在以习近平总书记为核心的党中央领导下，农村经济出现了突飞猛进的发展，农村经济体制改革继续深化。农林牧副渔多业并举，走出去、请进来，发展高科技和特色、绿色农业，招商引资，多方合作，政府出台现代农业科技示范园区扶持政策，建设现代科技园区22处，辐射面积100万亩，带领爱辉区优质品种利用率达100%，提高了全区农村的经济实力和农村群众的生活水平。

第三章　农业生产的发展变化

第一节　按科学谋划农业生产

爱辉县委、县政府按科学谋划农业生产。按科学谋划农业生产就离不开《农业八字宪法》“土肥水种密保工管”，它涵盖农业和生产各方面要素，也是农业发展必不可少的原则规律。

一是土地开发利用。瑷珲县地处黑龙江中上游地段，江河纵横、土质肥沃、气候适宜，发展农业有着天然的有利条件。新中国成立以后，瑷珲县的土地进入有计划的开发时期。1950年至1960年在沿江及其周边地区建起了红色边疆农场、北方畜牧场、团山子农场、新华农场、锦河农场、良种场、县种畜场。1965年至1970年又在西部山区建立燎原、哈青、烽火、红旗四个农场。1974年到1980年先后建立西峰山、北师河两个公社共20个大队。截至1980年全县耕地面积82.1万亩，比1949年耕地面积44.13万亩几乎翻了一倍。到了1983年全县耕地面积100万亩，比1980年又增加21.8%。

爱辉县除了沿江平原以外，都是漫山漫岗地区。土质类型是江河淤积土、草甸土、泥炭土等。半山区、特别是山区的土地比较冷凉，有些土壤需要改良，多施有机肥和客土掺沙的办法都很好，广大农民采取什么地理条件种什么适应的庄稼的办法很不错，都可以获得较好的收成。

二是测土配方施肥。农谚说：种地不上粪，等于瞎胡混。肥料对庄稼生长发育特别重要。肥料分为农家肥和化肥。农家肥也叫有机肥，肥效时间长，见效比较慢。化肥一般都是速效性无机肥，见效快，肥效持续的时间短，用不好容易板结土壤。爱辉县耕地面积大，人口少，有机肥料少，要想丰产必须使用化肥。据资料显示，使用化肥能大量增产，不使用化肥，全国粮食不能自给，将大量进口粮食。有了化肥还要科学地巧施化肥。爱辉县较早地开始测土配方，土壤里缺啥补啥，种的庄稼品种需要什么肥料就施什么肥料，达到了事半功倍的效果，省钱、省力、省肥料，多打粮食。提高土壤肥力的另一个办法是改良土壤。最好的办法是多施有机肥。第三个办法是对黏重冷凉土壤进行客土掺沙。第四个办法是调换茬口。不重茬，不迎茬。大豆茬是肥茬，种什么得什么。全县用多种办法对土地进行改良，1974年改良土壤近十万亩，为粮食丰产、丰收打下了良好的基础。

三是搞好农田水利建设。新中国成立以后，在党和人民政府的领导下，随着水利建设的兴起，县内水利事业有了长足的发展。到1983年末，国家水利专项投资2 334.61万元。50年代末期，兴修了宋集屯水库、红旗水库、三八水库。70年代修建了额泥河、红旗、石头人等十余座中小型水库和多处水利工程。有了水利保障，全县开始大面积种植水稻，既增加了农民收入又改善了生活还支援了外地，使部分土地旱能灌、涝能排，旱涝保收。

四是选育优良品种。爱辉县无霜期短，平均在80天至125天，横跨四、五、六三个积温带，各地小气候特别明显。有效积温1 700℃至2 300℃，土壤除了沿江平原及其周边地区比较肥沃外，半山区、特别是山区土地比较贫瘠冷凉，积温带不同，温差大。1952年前，多数都种小黄豆、火苞米、毛毛谷等生育期短的作物。1952年以后，采取因地制宜、因品种质量和适应性为宜，选择和培育适合本地不同地域的优良品种，什么地块就种什么庄稼。例如旱谷子涝豆。谷子种在岗地上，抗旱；大豆种在洼地上，抗涝。通过选择和培育优良品种，再加上精心耕作，每年都获得比较好的收成。

改革开放以后，特别是党的十八大以来，党的惠民政策好，扶持农业生产的力度不断加大。爱辉区充分利用改革开放的大好时机，走出去学习先进的农业技术，把专家学者请进来传授知识。与农业科研院所和高等院校联系，研究培育出一系列适合于本地种植的优良品种，农业生产连年获得了丰产丰收。

五是合理科学密植。合理科学密植是在单位面积上，省工、省力、多打粮食的好办法。有了优良品种加上合理密植就可以获得好收成。大豆的大垅双行，在单位面积上科学地增加了植株数，苞米的一埯双株、小麦的合理科学密植都是丰产丰收的有效办法。再加上合理的施肥、除草、防治病虫害等，就会比不密植的地块多收10%至20%的粮食，合理密植实在是丰产丰收的好办法。

六是抓好植物保护。植物保护要从种子开始抓起，首先选用抗旱、抗涝、抗病虫害又产量高的品种。其次是采取防治的办法抓好植物保护。具体包括种子的药物包衣、药物拌种，小麦的温汤浸种、田间喷洒农药、生物防治法等。再次是调换茬口、伏翻晒地等都是防治病虫害的好办法。植物的病害防治主要是细菌病、真菌病和病毒病三大类，什么病用什么药物来防治，主要以防为主，防早、防巧、防好。虫害分为地上、地下和植物体内三大类。只要把植物病虫害以及草荒防治好了，就可以丰收在望了。

七是快速改革工具。爱辉县的农业生产工具改革突飞猛进，变化非常大。爱辉县委、县政府就认准一个道理"农业的根本出路在于机械化"，全县各公社都设置了国营拖拉机站（60年代后改为农业机械管理站）。到了1983年末，全县共有大中型拖拉机827台，2002年至2003年全区加强了农机具更新力度，提高整体质量。2004年至2005年，国家加大了对农业扶持力度，取消了农业税。2004年，爱辉区在爱辉镇爱辉村、北三家子村，西岗子镇坤站村，坤河乡坤河村建立4个农机合作社。国家补贴307万元，自筹125万元。2012年起，对农民实施购机补贴政策，采取"全价购机、定点补贴、先购后补、县级结算、直补到卡"的方式进行。到2016年末，爱辉区共组建15个千万元、两个百万元的农机合作社，有大型农业机械520台套。目前，全区农业达到了高度机械化，使爱辉区的农业丰产、丰收有了可靠的保障。农村生产、生活发生了天翻地覆的变化，城乡差别越来越小。一些农民在城里买楼居住，儿孙到街里上学，自买的小汽车成为全家人的代步工具。农忙时，在田里耕作，冬天时回城休息。他们高兴地说："托共产党的福，过上了美好的日子。"

八是注重经营管理。农业实现了机械化，种地实现了科学化，还需要有人进行很好的经营管理。党的十八大以来，各级政府减政放权，加强对农业生产的支持、扶持和服务力度。爱辉区农业、农机等主管部门采取对农民，特别是年轻农民请上来办班培训、走下去面对面指导、手把手传授技术和经营管理的办法，让年轻的农民们掌握农业生产一整套的技术和经营管理方法，保障农村生产和经营管理工作后继有人，让农村的生产、生活持续快速发展。

第二节　夺取“三农”工作胜利

党的十八大以来，爱辉区委、区政府认真贯彻党中央决策，特别是习近平总书记对黑龙江两次重要讲话精神，主动求发展、谋振兴。在领导农业生产上，主动应对农产品消费需求升级，在结构优化、品质提升、效益提高上下力气、做实功，粮食产量达到30.97万吨，实现了“十连丰”。推动大豆产业振兴，建立大豆院士工作站。成功承办国家食用大豆产业发展高峰论坛现场会，带动全区大豆种植93.8万亩，同比增长62%，单产创历史新高。巩固麦豆主产区优势，经过努力爱辉区成为全省唯一国家小麦绿色高产高效创建示范（区）县。金莲花规范化种植500亩，草莓示范园区扩建温室大棚3.5万平方米，麻产业加工基地快速推进。建设现代农业示范园区22处，生态高产标准农田5万亩，省、市级规范合作社13家。新申报绿色食品标识8个，全区“三品”认证101个。日辉公司、马因阿亚合作社分别与日本和光食粮株式会社、清华大学签订农产品供销协议，推动农产品供给向高端迈进。循历史文脉，依山水自然，打造美丽乡村示范村11个，积极承办全市美丽乡村建设现场会，获评全省新农村建设先进（区）县。

第三节　脱贫攻坚

一、建立机制

2015年11月27日至28日，中央扶贫开发工作会议在北京召开。中共中央总书记、国家主席、中央军委主席习近平强调，消除贫困、改善民生、逐步实现共同富裕，是社会主义的本质要求，是中国共产党的重要使命。全面建成小康社会，是中国共产党对中国人民的庄严承诺。确保到2020年所有贫困地区和贫困人口一道迈入全面小康社会。

爱辉区将脱贫攻坚工作作为最大的政治任务和最重要的民生工程来抓，成立了爱辉区脱贫攻坚领导小组办公室。全区共有89个行政村，经过精准识别，确认有27个村为贫困村，贫困户919户、贫困人口2 077人。

爱辉区组建25支驻村工作队，黑河市选派了2支，实现27个贫困村驻村工作队全覆盖。每个驻村工作队不少于3人，2017年5月底前工作队进驻贫困村。主要职责任务是帮助贫困村制定脱贫规划、落实扶贫项目、加强基础设施建设、发展特色产业、开展技术服务、解决贫困群众生产生活困难，与贫困户逐一对接，建档立卡。

二、脱贫攻坚措施

（一）政策扶贫

在教育、医疗、住房安全、饮水安全、“三通三有、小额贷款方面，对建档立卡的贫困户给予政策扶持。

（二）开发式产业扶贫

（1）发展乡村旅游，构建以沿江G331国道为主线，打造市区至坤河乡45公里的瑷珲乡野公园，带动沿线7个贫困村屯融入旅游全产业链分工。（2）发展特色农业，在外四道沟村和老冰沟打造夏季草莓园区。在卡伦山村，建设金莲花种植基地，开展金莲花人工规模化栽培。在黄旗营子村、瑷珲村、西岗子村、三站村打造木耳合作社，带动贫困户增收；打造近郊果蔬带，带动贫困户增收。（3）发展农民合作社，在每个贫困村发展以合作社为主的新型农业经营主体，吸引189户贫困户自愿以多种方式加入，增加收入。（4）发展光伏产业，增加贫困户收入。

三、脱贫及出列

按照既定的标准及退出程序，到2017年末，已有21个贫困村出列，有654户1 516人实现脱贫。还有6个贫困村未出列，265户、561人尚未脱贫。区委、区政府承诺，到2018年末，剩余的贫困村及贫困人口全部出列及脱贫。

第四章　林业生产的发展变化

爱辉区是大小兴安岭生态功能区、东北地区重要的生态屏障和大小兴安岭功能区国家限制开发区。辖区东西最长距离130公里，南北最大跨度174公里，是全省最大的地方国有林区。林地总面积1 791万亩，有林地面积1 354.5万亩，占全省五分之一、全市三分之一。主要有红松、樟松、柞树、桦树等30余个树种。森林覆盖率68.32%，居全市第一，生态环境好，全年优良天气359天以上。地跨大、小兴安岭，是嫩江、黑龙江重要水源涵养地。物种资源丰富，是大、小兴安岭重要资源圃。

第一节　林木采伐生产

新中国成立初期，县境内的木材生产主要是满足本地建筑和燃料之用，没有进行大规模的采伐。1955年大岭林场揭开了国有林场采伐的序幕，当年采伐木材4万多立方米，满足了工、农业生产的需要。到了1963年冬，县内木材生产进入高潮，采伐木材5万立方米，除供本县建设用材外，部分木材外运，支援了全国经济建设。到了1965年采伐量骤增，同时进行了采伐更新试验。

采伐生产经历了手工采伐和半机械采伐两个阶段。1969年前，全县采伐作业全部处于手工操作阶段，伐树用弯锯或两个人用的大肚子锯，打枝用大斧，集材用马爬犁，归楞装车用人抬。1970年较大林场开始使用油锯，伐树基本实现了机械化作业。同年在较平坦的采伐区试用了拖拉机牵引集材，揭开了爱辉县采伐作业机械化的序幕。1980年大新屯贮木场安装了卷扬机，采用机械归楞。1981年全县基本实现了装车机械化。1984年伐树、装车全部实现了机械化。归楞、集材、造材在部分林场采用了机械化。同时，10个国有林场实现了“采伐作业规程化”。到2010年停止商业采伐时，木材总计采伐239.6万立方米，保证了国民经济发展和地方建设的需要。

第二节　搞好造林育林

新中国成立后，大规模的群众植树造林运动是从1965年开始的。每年春季造林时节，县政府组织全县的干部、工人、学生、农民，大搞植树造林。1979年，全国人民代表大会决定每年3月12日为植树节，但因爱辉县地处高寒地区，植树活动都在地表解冻后进行。到了1984年，人民群众造林400 500多亩，四旁绿化4 456万株，全县林业职工造林435 339亩，成活率80%。

在大力开展植树造林的同时，还开展了封山育林工作。爱辉和卡伦山松林是县内仅存的樟子松林。1953年，县政府组成了封山育林工作组，有组织、有领导地将卡伦山832.5亩樟子松林、爱辉612.9亩南北樟子松林划为封山育林区。为了更好地发展县内樟子松林，1972年在卡伦山建立种子林场，把卡伦山、爱辉两处封山育林区域建成了樟子松种子林基地，平均每年向国家提供松子450斤。1953年建立国有河南屯苗圃，面积525亩，平均年产苗木

750万株，主要供给黑河和全县各地造林之用。

第三节　抓好森林防火

新中国成立后，瑷珲县政府建立了护林防火指挥部，每年春季发布护林防火公告，认真贯彻“预防为主，积极消灭”的护林防火方针。1985年，《森林法》颁布实施，1988年国务院发布《森林防火条例》，至此，森林防火工作正式纳入法制化轨道。

爱辉区是全省和全国森林防火重点地区之一。国家级重点火险区一处（桦皮窑），省级重点火险区两处（北师河、罕达汽）。林区内点多、线长、面广，林场、农场、煤矿、水库、地营子、村屯等交错共存，春、秋两季入山流动人员有20余万人次，社情复杂，火险管控难度大。为了贯彻践行习近平总书记“绿水青山是金山银山，冰天雪地也是金山银山”的指示，让青山常在、绿水长流、永续利用，为子孙万代造福，爱辉区委、区政府下定决心保住一方绿水青山。为此，爱辉区建立了专业和业余并举的梯级扑火队伍网络，现有扑火队伍63支1 910人。其中，武警爱辉森林大队1支150人、爱辉区森林消防专业队4支550人、乡镇林场半专业队伍16支240人、巡护马队1支15人、农场和水库扑火队4支60人、机关干部预备队1支300人，无人机、蟒式运兵车、以水灭火系统等一系列先进装备列装到大队。创新组建“虎贲军”、靠前驻防突击队和“兴安杜鹃”女子宣传岗。防火公路通达率大幅度提高。实现24个防期无重特大森林火灾，森林资源得到了有效保护。

第四节　发展绿色经济

根据国家林业部门有关文件精神，爱辉区区划界定国家级重点生态公益林630.7万亩，全部实行网格化管理。区划1 233个责任区，落实1 233人管理。管护站118个，管理人员110人，每年国家投资1 661万元，解决了森林管护工作资金不足的问题。2010年，全面停止商业性采伐，林业的工作重点由木材生产向保护生态资源和发展林产经济转型，探索出一条经济效益和生产效益双赢的发展之路。

一是，园林基地建设呈多元化。2012年至2017年，锦河寒带浆果种植示范基地、江防林场苗木花卉基地、三站林场良木繁育基地和桦皮窑林场俞边浆果种植基地总面积达10 000亩，已繁育苗木1亿株。栽种赤芍、苍术等药材285亩，蓝靛果、忍冬和黑加仑3 000亩。2017年新建二站林场北药种植示范基地一处1 500亩。

二是，食用菌栽培动力增强。爱辉区林区空气湿度大、氧气充足、水源丰富、光照强度低、温度偏凉的小气候环境非常适宜食用菌生长，全区食用菌栽培数量呈逐年增长趋势。从2012年的年生产200万袋，到2017年增长到500万袋，是2012年的2.5倍，园工收入大增。

三是，北药种植规模逐步扩大。首先是保护、开发、利用好爱辉区野生药材资源。在此基础上，努力在发展野生品种和引进品种的人工栽培上下功夫、谋发展。现已累计种植水飞蓟、黄芩、人参、苍术等北药38 000亩。

四是，利用条件发展林禽林畜。林区场地大、食物丰富、环境幽静，很适宜发展林禽林畜事业。爱辉区抓住这一有利条件，积极发动各林场养禽养畜，增加收入改善生活。大岭林场养殖林下鸡、鹅13 000只。二站、大岭、大平等林场养蜂500余箱。河南屯、大平、七二七等林场养殖森林猪3 000头、野猪1 050头、牛35头、羊2 000只、马56匹，使林场的一些家庭走上了小康之路。

第五节　推进林场改革

全区各林场由单一经营改革为多种经营，以森林防护培育为主，兼顾开发各项事业。二站、三站、胜山、大岭林场等，以红色之旅加驿站文化和五大基地建设为内容的绿色发展示范区初具规模，有效地拉动了全系统林业产业的发展。关注民生，加快林区危旧房改造速度，采取彻查摸底的办法，努力把工作落到实处，职工居住条件和场容、场貌得到明显改善。职工全员参加国家级公益林管护，顺利完成国有林场主体改革工作，核定事业编制总量697人。林场由自收自支的事业单位明确定性为公益类二类事业单位。配套改革正在不断引向深入，职工福祉大幅度提升，职工收入比20年前增长近十倍。

第六节　保护区建设

加强生态文明建设，划定生态保护红线，保持绿水青山常在，为可持续发展留足空间。按照生物多样性和野生生物物种的特点，申报不同类别的自然保护区，把散状的生态区变为保护区加以保护，保护生态环境，保持生态平衡。

一、黑龙江胜山国家级自然保护区

2007年4月经国务院批准晋升为国家级自然保护区，属自然生态系统类、森林生态系统类型自然保护区，保护区总面积6万公顷。胜山自然保护区生态系统典型完整，是以红松为代表的温带森林生态系统的缩影，是中国天然红松林型分布的最北界限。该保护区也是中国驼鹿的重要分布区和种系研究的节点区，因而现有的驼鹿种群愈加珍贵。

二、黑龙江公别拉河国家级自然保护区

于2016年晋升为国家级自然保护区，主要保护对象为内陆湿地生态系统及珍稀野生动物。保护区湿地地处小兴安岭东麓北段，东西长31.6公里，南北宽25.0公里，总面积47 983公顷。主要保护对象为黑龙江一级支流公别拉河及秀水河、孤川河、义气罕河源头湿地生态系统以及原生性沼泽植被及其珍稀野生动植物资源。

三、黑龙江刺尔滨河省级自然保护区

于2010年晋升为省级自然保护区，总面积为37 790公顷，主要保护对象是刺尔滨河上游沿岸湿地生态系统以及栖息于此的珍稀濒危野生动植物。

第五章　畜牧生产的发展变化

第一节　新中国成立后畜牧业的变化

新中国成立初期，农民分得了土地，但种地使用的马匹却比较少，耽误了农业生产，所以役马发展得比较快，黄牛、奶牛、羊养殖数量也随着发展逐渐上升。1963年至1977年是全县畜牧业大发展的时期，大牲畜每年增长5%，主要原因是粮食多了为饲养牲畜发展提供了条件。到了1983年，大牲畜、猪、羊分别比1949年增加了39.5%、19.7%和40%。1984年实行了家庭土地联产承包责任制，农民的生产积极性被充分调动起来了，生产力得到提高，畜牧业也随之发展起来。1996年至2000年，在黑河百岁乳业的带动下，沿江乡镇的奶牛养殖业出现了兴旺势头。

第二节　畜牧养殖业快速发展

进入新世纪，爱辉区委、区政府紧紧围绕实施乡村振兴战略，把畜牧业作为农村产业结构调整和促进农民增收的有效途径，大力实施标准化、规范化、产业化经营，重点发展“两牛一马一猪”畜牧经济，保持了全区畜牧业健康发展。到2017年，肉牛存栏48 570头，奶牛存栏13 296头，山绵羊存栏72 833只，生猪存栏14 715头，禽存栏166 222只。全区肉、蛋奶产量分别达到10 396吨、1 440吨和39 817吨，实现畜牧业增加值17 830万元，同比增长6.9%；产值41 565万元，同比增长6.7%，占农业比重25.3%。

第三节　加快养殖基地建设

贯彻落实“两牛一猪”标准化规模养殖基地建设项目，加速禽畜规模养殖标准化进程。按照禽畜良种化、养殖标准化、生产规范化、防疫制度化和粪便无害化要求，加大畜牧政策资金引导力度。强化关键技术培训指导，大力推进标准化规模养殖。2017年，罕达汽镇四道沟社区新建的科华肉牛养殖场建设项目累计完成投资497万元，建成3栋牛舍3 150平方米，饲料库440平方米，干草棚440平方米，青贮窖1 280立方米，成为爱辉区最具代表性的肉牛标准化养殖场。

黑河中兴牧业有限公司是省政府“十二五”规划重点打造的畜牧养殖项目，并被确定为绿色食品重点产业和高品质能源基地，3个标准化牧场存栏奶牛12 785头，日产鲜奶100吨。

第四节　其他工作进展迅速

一是，加快马产业示范区建设。提升马品质，以稳步推进马产业为目标，将马匹繁改工作作为促进马业发展的重要手段。二是，通过粮改饲进一步调整种植结构。推进传统种植向青贮玉米、苜蓿、羊草等饲料作物种植调整。加快发展草畜业，实现过腹增值。2017年爱辉区种植燕麦6 300亩，种植青贮玉米29 000亩，实际发放国家生产补贴385万元。三是，动物防疫实现无重大疫情。抢先抓早做好防疫工作，春秋两季动物重大疫病强制免疫密度达到100%。区畜牧局被省政府授予“黑龙江省2014—2016年度重大动物疫病防控工作先进单位”荣誉称号。

第六章　水务工作的发展变化

第一节　修建农田水利工程

新中国成立后，在党和人民政府领导下，随着水利投资的不断增加，农田水利建设全面兴起，县内水利事业实现突飞猛进的发展。20世纪50年代初，县内一屯或几屯联合修建了一些小型水利设施，以解决水田需要。大乌斯力和小乌斯力灌区就是这个时期修建的。50年代末期开始大兴水利工程，全县动员上万人修建了宋集屯水库、红旗水库、三八水库等。在经受1958年黑龙江特大洪水侵害和1960年至1962年连续三年的自然灾害后，人们充分认识到兴修水利的重要性。采取国家、地方、集体三方面配合，一方面对正在兴建的宋集屯水库骨干工程继续加紧施工，同时兴建了宋集屯灌区；另一方面其他各类水利工程也纷纷上马，修建了防御黑龙江洪水的黑河防洪工程和泡子沿、四嘉子、宏伟等十余处灌溉工程。70年代全县掀起了大搞农田水利基本建设的热潮。这期间又修建了多处中小型水库和农田水利设施，对保障丰产、丰收起到了至关重要的作用。

第二节　大力建设蓄水工程

新中国成立后至20世纪50年代后期，采取社队投资、地方补贴、国家投资等多种形式，先后修建了宋集屯等多座中小型水库和多处农田水利设施。这些水利工程在抗洪蓄水、解决内涝、发展灌溉、增加电能、水产养殖等方面发挥了重要作用。爱辉区有大中小型水库14座，现存已注册登记的大坝9座。较大型水库有：

宋集屯水库。宋集屯水库是公别拉河流域最先开发的一座中型水库，于1958年8月6日开工，1972年12月基本完工。水库控制流域面积318.5平方公里，每年平均入库经流6 370万立方米，总库容量1 551万立方米，主体工程由大坝、溢洪道、输水洞、进水塔、水电站5部分组成，能抗御50年一遇或更大的洪水灾害。2002年10月，水库除险加固工程完工，2003年、2005年水库电站改造，提高了水库抗风险能力和电站生产效率。由于宋集屯水库经营管理完善，蓄水、灌溉、排洪、发电、养鱼等多种经营效益高，曾先后受到国家水电部、省水利厅的表彰和奖励。

卧牛河水库。位于卧牛河下游，距黑河18公里，流域面积285平方公里，每年平均入库经流4 275万立方米，总库容2 551万立方米。1977年9月15日兴建，1986年9月25日建成，是一座养鱼发电兼顾的中型水库。引水隧洞全长525米，在技术力量比较薄弱、施工设备比较简陋的情况下，民工们在县委、县政府领导吴隆洲、武松鹤的亲自带领下，在工程技术人员指导下，经过9个月的艰苦努力开凿而成。按50年一遇设计，千年一遇洪水校核。最大水深22米，平均水深13米。卧牛河水库经过多年建设，目前已成为集养鱼、发电、旅游和多种经营全面发展的一座中型水库。

西沟水库。这是一座以发电为主，集养鱼、抗洪、排涝、旅游综合利用为一体的大型水库。西沟电站是中型水力发电站，工程于1990年7月8日下闸蓄水，1991年11月17日并网发电，1993年6月22日通过竣工验收。水库总库容1.459亿立方米，正常蓄水位343.5米。总装机容量4.2万千瓦，多年平均发电10 060万千瓦小时。1993年“两撤两建”后，划归黑河市。

此外，富地营子水库于2002年8月28日下闸蓄水，2003年10月6日第一台机组并网发电，2004年6月22日通过初步竣工验收。象山水库1996年8月蓄水，1997年9月第一台机组发电。

第三节　修整配套灌溉工程

新中国成立后，爱辉县先后修建了宋集屯灌区、四嘉子灌区、宏伟灌区、张地营子灌区等标准化水利工程，其中最大的是宋集屯灌区。

宋集屯灌区建于1965年，位于公别拉河左岸二阶台地平原。区域内地势平坦、土质肥沃，跨越西岗子、爱辉两个公社，是爱辉县重点产粮区之一。灌区设计灌溉面积1.8万亩，历史最高灌溉面积达到了2.64万亩，超效益47%。灌溉主要水源来自宋集屯水库。引水干渠51.5公里，主要水利工程建筑物95座。灌区内分布支渠9条共78公里，1966年开始试种水稻，采取边整修边配套边扩大效益的办法，到1978年整修配套工程基本完工，灌区受益单位39个。宋集屯灌区修建以来，水稻生产发展很快，灌溉面积逐年上升。水稻单产由建灌区前的亩产200斤左右，提高到亩产750斤，1976年水稻亩产创最高纪录达800斤。灌区受益面积逐年扩大，由原来的西岗子公社、爱辉公社，扩大到第一良种场、第二良种场及锦河农场。

第四节　修建防洪护岸工程

一是，防洪工程。爱辉县防洪工程建设从50年代中期开始，重点在黑龙江沿岸的几个重点产粮区修建了防洪工程。先后完成了黑河近郊、张地营子、四嘉子、黄旗营子、小乌斯力等堤防的施工，同时在一些小的河流上也修筑了防洪堤，基本上解除了洪涝灾害的威胁。这一阶段国家先后用于堤防建设投资231万元，修建堤坝50.95公里，可保护农田6.14万亩。

三江治理黑干堤防。涉及爱辉区段共6段52.079公里，总投资3.76亿元。其中张地营子堤防达标11.579公里、新建白石砬子堤防6.273公里、上马厂堤防9.636公里、小乌斯力堤防达标8.1公里、黄旗营子堤防达标11.062公里、坤河堤防达标4.889公里。中小河流堤防总长度11.988公里。

二是，护岸工程。黑龙江从呼玛县流入爱辉区境内，往下流入孙吴县，在爱辉区境内长达184.5公里。由于俄方每年在江中挖沙，迫使主航道逐年移向我侧，加之江水湍急冲刷我侧江岸，部分堤岸坍塌严重。从1958年开始治理，到1968年完成黑河镇护岸，砌石坡2 024米，完成工程量9.12万立方米，保护国土面积6.4平方公里。接着又修建了张地营子、霍尔沁、长发屯、爱辉、大新屯、上马厂护岸工程。防护工程对稳定河床、限制江岔发展、防止切滩改道、保护沿江城镇村屯堤防、公路、农田设施等起到了重要的作用。

黑龙江城区护岸工程于1976年建成，干砌石护坡2 000米长。

1998年洪水过后，国家加大了对水利工程投资，开始对城区护岸进行消险加固。工程于1999年8月竣工，全长3 050米，有力地保护了整个黑河城区及近郊3个村屯的安全，保护农田1.2万亩。2016年，国家对黑龙江护岸工程进行重新改造，黑龙江城区段28.215公里，投资5.15亿元。同时，对黑龙江干流及其他小河流进行护岸工程施工，总投资超过6亿元。

第五节　饮水质量明显好转

新中国成立初期很长一个阶段，爱辉县农村饮水主要是大口井、手压井，饮用地表浅层水，易受污染，有害物质超标，甚至有些村屯大骨节病流行。经济好转之后，国家增加了投入，经过多年的努力，全区农村饮用水安全现状明显好转，水质、水量都得到了保障。全区采用集中式供水的村屯、林场、农场等126个，涉及人口6.24万人，占涉农人口的98%，分散式供水的村屯、林场、种畜场等9个，涉及人口1 400人，占涉农人口2%。

至2017年，已有118个村屯、林场、农场、种畜场等吃上了自来水。

第六节　水务工作造福于民

2017年，爱辉区准确把握水利事业发展新趋势，积极谋划工程建设项目，全年向上争取资金2 813.44万元，自筹资金26.55万元，全面推进中小河流保障治理、应急度汛、水土保持、农村饮水等工程建设得到了上级主管部门的肯定。具有里程碑意义的三江治理黑干堤防工程基本完工。审计通过了2011年、2013年小农水重点县项目11个，并顺利通过竣工验收。

根据爱辉区脱贫攻坚领导小组会议精神及脱贫目标，水务部门制定了《2 017至2018年农村饮水安全巩固提升工程实施方案》，已完成35个村屯实施方案的编制，完成打机井12眼、安装水处理设备28处、铺设自来水管线18处，工程总投资1 372.88万元。实施了爱辉区石匠河治理工程（二期），总投资1 145万元；实施了石锦河治理工程（二期），总投资1 413万元，两项工程已通过竣工验收。同时完成水土流失治理面积83.6平方公里。完成西岗子镇西岗子村侵蚀沟治理工程，总投资90万元；完成公别拉河护凌汛水毁修复工程，总投资55.02万元。做好防汛抗旱工作。水利部门兴修大量的水利工程和护岸工程，做好防汛抗旱的基础工作。从50年代开始，对黑龙江沿岸的几个重点村屯和产粮重点区，修建了防洪工程。2013年，爱辉区遭遇了自1984年以来罕见的洪水汛情，受涝面积大，造成全区直接损失8.17亿元。区委、区政府积极采取有效措施组织人民群众抗灾自救同时加大了财政投入，共投入抗洪抢险物资设备及资金达2 173万元，取得了防汛抗洪工作胜利。2017年提前做好防汛工作，签订了防汛责任状200余份，11个乡镇、30个防山洪重点村屯、3个水库、6个堤防全部落实了责任人，强化了24小时值班值宿制度。重新修订区、乡镇、村屯各项预案及《爱辉区旱涝灾害应急预案》。完成防山洪一类重点村安全转移训练工作。全面检修山洪灾害监测设备87处。对全区8支抢险队伍3 142人进行了重新核定。实现了适时收集雨水情、汛情，做到适时预警和重点区域适时监测。与气象、水文部门雨量水情站点实现信息共享。实现了省、市、区、乡、村适时联动，提高了防御山洪灾害的能力。

第七节　河长制

“河长制”即由各级党政主要负责人担任“河长”，负责辖区内河流的污染治理。目的是为了保证河流在较长的时期内保持河清水洁、岸绿鱼游的良好生态环境。按照国家和上级主管部门的要求，爱辉区从2017年全面推行了河长制。率先完成境内128条河流的“一河一策”档案归档工作，编制了《河长制工作手册》《河长制工作纪实手册》。区河长办对全区各级河长、协管员进行了14次培训。各级河长都较好地完成了年度巡河任务，全区“清河行动”成效显著，河长制中期评估顺利通过验收。黑河市各县、市先后多次到爱辉区考察、交流河长制的成功做法和先进经验。爱辉区设立了区、乡（镇）、村三级河长体系，并将三级河长、河段长名单、责任划分明细，于2017年8月25日通过爱辉区政府网站向社会公布，接受监督。

第七章　渔业生产的发展变化

第一节　新中国成立后渔业生产状况

爱辉区位于黑龙江的中上游，境内江河沟泡星罗棋布。有较大的河流61条，泡沼180余个，大中小型水库十几座，总水面20 823万亩，发展渔业生产得天独厚。境域内，上至小新屯下至大五家子的184.5公里黑龙江爱辉区段，常见的鱼类有“三花五罗”，还有冷水鱼、杂鱼40多种。

第二节　大力发展鱼类养殖业

县域内的水产养殖业始于1958年，由于缺乏经验，当年没有试验成功。1966年县水产站重点抓小乌斯力养鱼点，当年养成鱼种40万尾。同年宋集屯水库也开始大量投放鱼苗。以后相继发展养鱼点10余处。卧牛河水库以养鱼发电为主。1980年后，人工养鱼在一些农村社队普遍开展起来。到了1983年，有集体养鱼10处，家庭养鱼两处，全县年养鱼5.8万斤。

沿江平原的沼泽养鱼。这一区域包括四嘉子、幸福、爱辉公社以及西岗子公社和红色边疆农场的一部分。每个水面都比较小，水浅草多，经过人工改造，变成了良好的鱼塘，该区域交通比较方便，便于运输鱼种和饵料，有利于人工饲养管理。同时水温比山区高，生长期比山区长，小水面搞精养，比较大的水面可以搞半精养。在此基础上，逐步扩大养鱼池塘建设面积，高产池塘养殖面积达4 000亩，平均亩产200公斤左右，普通池塘养殖亩产100公斤左右。全区共有池塘（含泡沼）养鱼面积0.7万亩，年产量1 400吨左右。

快速发展的网箱养殖。网箱养鱼是近些年发展起来的一种高产、高效、集约化的新式养鱼方式。2000年，爱辉区水产局在爱辉镇进行了全国首例黑龙江中网箱养鱼，首选地点在砖窑村的江岔里。江岔里水稳、水静，容易管理养殖。初期建立4个网箱，用钢丝绳在岸上固定，然后将成鱼投入网箱，养殖1个月左右即可出箱销售。网箱养殖出来的鲤鱼色泽金黄、肉质细嫩，味道鲜美纯正，与江中野生的鲤鱼所差无几，当地村民和外地游客都为之惊叹，赞美网箱养殖的鲤鱼。爱辉区把网箱养鱼作为新生事业加以推广。

国家出台优惠政策，积极支持扶持网箱养鱼事业，使网箱养鱼逐步走向科学化、规模化、规范化轨道。到2017年末，全区网箱达到300个、养殖点发展到20个。以前网箱养鱼是土法上马用钢筋焊网箱，用油桶做漂浮用具。现在都由厂家统一生产先进的网箱设备。目前，网箱养鱼已成为沿江一带农民勤劳致富的一项新的产业。

大中小型水库发展养鱼。到了2017年，爱辉区境域内大、中、小型水库面积达7.1万亩。这些水库除完成主功能蓄水、发电、灌溉外，全部开展了鱼类养殖工作。主要养殖品种为鲤鱼、鲫鱼、白鲢和花鲢，均采用放牧式粗放养殖，以定期向库中投放鱼苗、依靠水域内的水生动植物让鱼自然生长为主要形式。在捕捞上采取捕大留小、轮捕轮放的养殖模式。

从1995年以来，引进了池沼公鱼。1997年引进了草虾、鲶怀杂交、彭泽鲫。1998年引进了大银鱼，2000年引进了团头鲂、河蟹，　2001年引进了鲟鱼。2004年引进了淡水白鲳。2013年引进了虹鳟和金鳟等优良品种在本地养殖。

第三节　维护渔业可持续发展

爱辉区涉渔业捕捞的沿江乡镇有6个，即张地营子乡、上马厂乡、幸福乡、四嘉子乡、瑷珲镇、坤河乡。沿江渔业作业点20个，渔业船舶数量177艘，其中捕捞渔船149艘，渔业养殖用船28艘。捕捞作业工具以挂网、淌网、流刺网为主，其他捕捞工具有：地笼、囤、钩等。渔业年捕捞量80吨左右。捕捞主要经济鱼类有：鲤鱼、鲫鱼、砂葫芦子（鮈科鱼类）、雅罗、虫虫（重唇）、白飘子、嘎牙子（黄）、马口、黄姑子（鲴科鱼类）、牛尾巴（乌苏里鮠）、勾鼻子（鳅科鱼类）、鲶鱼、黑龙江等。

严格执法，有效保护水生资源。在禁渔期限内，组织人力进行循环检查，严禁下江入河捕捞，对违规者进行重罚，维护渔业可持续发展。集中清理违规渔具，严厉打击“电、毒、炸”鱼行为。坚持专项整治和日常检查相结合，深入村屯、滩地教育引导渔民主动销毁违规网具。

渔业增殖放流活动成效显著。按照国务院《水生生物养护行动纲要》要求，自2008年起，爱辉区每年都举办渔业资源生态补偿增殖放流活动，向黑龙江水域投放相应的鱼类苗种，补充黑龙江鱼类资源，促进生态平衡。从2008年到2017年10年来共投2 585万尾鱼苗，投放鲟鱼、野鲤、鲢鱼、草鱼、鳜鱼等7个品种。

加快水产养殖示范基地建设。有关部门积极为养鱼户提供“调购—暂养—销售”一条龙服务，申报无公害、绿色产品认证。设计产品包装，协调订单养殖、定点销售、农超对接，推向省内外市场等销售通道，确保全区水产品产量安全、质量安全和效益安全，促进爱辉区水产养殖业可持续发展。对养殖示范企业黑河华之宝鲟鱼有限公司加大政策、资金扶持力度。公司建于2011年，由哈尔滨客商独资创建，经营场地在爱辉区坤河乡黄旗营子村的江边，区政府为公司投入扶持资金300万元，协助建造了养殖网箱600箱，并为企业入驻做好“三通一平”工作。企业以养殖鲟、鳇鱼为主，年养殖鲟、鳇鱼产量在100吨左右。

目前，爱辉区有省级水产健康养殖示范场5处，即爱辉区水产养殖示范基地（爱辉区龙珲渔业专业合作社）、黑河市前拉腰子鱼种场、爱辉区德生鱼种场、爱辉区德林养鱼场、爱辉区国启养鱼场；部级水产健康养殖示范场5处，即爱辉区卧牛湖水库管理处、爱辉区正元渔业养殖专业合作社、黑河市爱辉区西沟冷川养殖基地、黑河市晟合渔业养殖农民专业合作社、黑河华之宝鲟鱼有限公司。通过无公害认证的企业有4处，即黑河前拉腰子鱼种场、爱辉区德生鱼种场、爱辉区德林养鱼场、爱辉区国启养鱼场。

全区共有渔业注册商标6个，即黑河市大黑河岛渔业公司注册的“大黑河岛”商标、爱辉区卧牛湖水库管理处注册的“卧牛湖鲜鱼”商标、黑河市爱辉区西沟冷川养殖基地注册的“西沟冷川”商标、爱辉区正元渔业养殖专业合作社注册的“森池”商标、爱辉区龙珲渔业合作社注册的“龙珲冷水”商标、爱辉区三它冷水鱼注册的“三它”商标。

第四节　建立渔业自然保护区

一是，逊别拉河自然保护区。该保护区于1982年由黑龙江省政府批准建立，位于逊克、孙吴、爱辉区三县（区）境内。爱辉区段位于二站乡逊别拉河源头，分别由二龙河、逊河、南河组成。区域内河流总长度约300公里，均为缓冲区。主要保护对象有细鳞鱼、哲罗、狗鱼等十余类鱼种。

二是，法别拉河自然保护区。法别拉河鳜国家级水产种质资源保护区总面积120 420亩，保护区特别保护期为6月15日至7月11日。起于象山电站，经法别拉河向下，止于黑龙江爱辉段五道壑洛岛。核心区河流全长为45公里，主要保护对象为鳜鱼。

第八章　工业生产的发展变化

第一节　工业发展情况

1945年日本投降时，瑷珲县工业遭到严重破坏。我党干部队进驻黑河后，在建党建政同时，首先着手恢复手工业生产以安定民生。1945年至1946年恢复了黑河电灯厂、黑河酒精厂和一些私人经营的米面、铁木、制革等手工业。同年，建立八车力河、五道沟、罕达汽几个金矿。成立了造船工程处，先后建造了“黑河号”“海兰号”客货轮，恢复了哈尔滨至黑河间的航运。

新中国成立后，在三年经济恢复时期，瑷珲县建立了食品加工厂、黑河制酒厂和黑河火磨。西岗子煤矿于1951年正式恢复生产，黑河发电厂于1950年11月经修复重新发电，除供给黑河街内及附近村屯用电外，还为孙吴县送电。除国有企业以外，个体手工业是当时县内工业的主体。1949年全县个体手工业产值74万元，占全县工业总产值的51.7%。据1953年统计，有个体手工业156户，工业生产得到了迅速恢复和发展。到了1952年底，工业生产已经恢复发展到历史最高水平。

1953年至1957年，进入了大规模、有计划的社会主义经济建设时期，实行了第一个五年计划。1954年10月，瑷珲县对个体手工业进行了社会主义改造，把个体手工业者组织到各种形式的生产合作社中去。1956年，黑河镇建立了铁木业生产合作社、洋铁业生产合作社、钟表刻字合作社、被服合作社等多个合作社和合作小组。瑷珲城和西岗子也分别成立了一些手工业合作社或合作小组。县内的国有工业也得到了迅速发展，生产规模和生产能力不断扩大，新建了砖瓦厂、西岗子配件厂、黑贸被服厂、屠宰厂等。到1957年底，县内工业总产值达到584.2万元，比1952年增长了48.1%。1960年又比1957年增长2.4倍。

1966年至1976年10年间，产业发展前期处于徘徊状态，1971年以后，全县工业发展较快，产值逐年上升。1977年北安至黑河高压输电线路建成，黑河两个电厂实现并网送电，为县内工业生产发展提供了电力。同时相继建设了东方红煤矿、宋集屯煤矿、通用机械厂、氧气厂、电影机械厂、水泥厂以及6个公社农机修理厂。

1978年党的十一届三中全会以后，全县工业重点转移到社会主义现代化建设上来，开始清除经济工作中长期存在的“左”倾错误。认真贯彻执行“调整、改革、整顿、提高”的方针，使工业内部结构朝着合理、协调方向发展。加快了轻工业的发展，全县工业建设走上了稳步发展的健康轨道。新建了针织厂、啤酒厂、二砖厂和乳品厂。1983年县辖区内工业总产值达到5 496.9万元，比1978年增长49.8%，比1949年增长15.2倍。县属企业工业总产值4 180.9万元，比1978年增长63.5%，比1949年增长30倍。全县工业发展是螺旋式上升、波浪式前进的。

第二节　煤炭电力工业

新中国成立后，1950年初，在黑河地区工矿局和地区总工会的领导下，着手恢复西岗子煤矿生产，1951年生产原煤15 414吨。到1961年该矿生产原煤173 200吨。1968年国家拨款413万元，在黑河以南25公里、哈黑公路西侧兴建东方红煤矿，同年筹建宋集屯煤矿。1975年12月，东方红煤矿建成投产。1976年11月，宋集屯煤矿单独设矿。县内3个较大的煤矿中，除了东方红煤矿为井下开采外，西岗子和宋集屯煤矿均为露天煤矿。西岗子煤矿在1966年以前采掘生产主要靠笨重的手工劳动，剥土、采煤用炮崩、镐刨、锹装、人推煤矿车的办法。1966年开始用推土机剥土，人力采煤、装运。1977年以后，这两个露天煤矿使用挖掘机剥土、采煤，推土机整备和翻斗车运输，采掘生产基本实现了机械化。3个煤矿原煤产量1976年为297 822吨。

1950年黑河电厂经修复重新发电。1965年对该厂实施技术改造，新增1 500千瓦汽轮发电机组两台，并将供电范围扩大到逊克县。1968年10月，黑河发电厂西岗子分厂建成投产。1981年，经省政府批准，对黑河发电厂进行技术改造升级，实行了集中供热、热电联产。工程总投资264万元，其中国拨190万元，地方和企业自筹74万元。从开始到竣工历时两年，1982年投入试运，情况良好。1983年供热38 847万大卡，发电581万度，企业扭亏为盈，实现利润1.6万元，上缴税金6.6万元。此外，县内还有宋集屯水电站、罕达汽金矿和五道沟金矿电厂同时开机发电。

第三节　建材粮油工业

爱辉县于1956年筹建县内第一个国有企业砖瓦厂，职工20人，两座方框窑，人工扣坯，自然干燥，年产红砖65万块。1958年兴建一座26门轮窑，运土由独轮车改为轻轨小铁路运输，红砖产量增加到370万块。同年黑河地联社所属瓦厂并入砖厂，年产红瓦10万片，职工增加到110人。1969年增设新型制砖机、建一座制坯机器房，增设一条轻轨运土线，改造一台牵引车。到1972年采取新技术烧砖，产量突破了1 000万块大关，达到1 100万块。1978年筹建第二砖厂，1981年投产后，当年产红砖300万块。县内除两座国有砖厂外，还有爱辉、西岗子、幸福等社办砖厂。1983年生产红砖6 812万块，比1957年增长65.3倍，比1978年增长2.7倍，国有一、二砖厂共产红砖3 651万块，实现利润24.1万元。

新中国成立后，县内建有石灰厂，年产白灰2 000吨左右，1960年达到2.36万吨。1971年石灰厂改名为爱辉县水泥厂，年产水泥不到千吨。1978年底，省、地、县投资200万元，增加一些设备和厂房，1980年以前产量为6至8千吨，到1980年生产水泥8 862吨，实现利润8万元。1983年生产水泥1.3万吨，生产白灰4 617吨，总产值66.6万元，实现利润11.8万元。

新中国成立初期，黑河制材厂是县内唯一一家木材加工企业，年加工能力2.5万立方米。随着木材加工企业逐渐增多，生产设备有了很大的改善，人工制材的方法被机械淘汰，圆锯改进为带锯。1979年以来，锯材已全部使用带锯机，附属传动设备已初步配套。木器家具制作也由手工发展为半机械化或机械化。各种型号的下料机、平刨机、规格机、开榫机、打眼机等代替了笨重的手工劳动。

1951年，在原黑瑷联合制粉厂原址筹建黑河火磨。第二年7月，5层楼的生产厂房建成投产。1953年1月黑河制米厂并入黑河火磨，成为黑河火磨的制米和制油车间。

党的十一届三中全会以后，于1979年4月成立了爱辉县粮油工业公司。在进一步完善以岗位责任制为主要内容的各项规章制度的基础上，恢复了“五定一包”奖励和超品率奖，提高了职工的生产积极性，产品质量、出品率和产量都有了很大的提高。1983年国有粮油工业企业职工总数264人，生产面粉1.33万吨，豆油1千吨，工业总产值995.3万元，为国家上缴利润11.6万元。

新中国成立后，机械工业中的农机具修造、电机修造、汽车修配、船舶制造、锅炉制造和电影机修配，酿酒工业中的白酒、色酒、啤酒生产，其他工业中的印刷、化学、皮革、被服加工工业，以及修表、刻字、美术业等都有不同程度的发展变化。

到了1985年，共有地方国有企业51户，集体企业64户。同年，推行了厂长负责制，除了国家指令性产品外，企业开始原料自己选购，生产自己安排，产品自己销售，技改资金由拨款改为自己筹款或贷款。1993年在部分企业中开始进行租赁经营，一企多制。1998年推进企业整体出售、兼并等产权制度改革，基本实现了国有资本有序退出。

经过多年以来对新型企业的引导培育，爱辉区境内已经成长起来多家比较大型的工业企业。具有一定规模以上的工业企业有：黑河市金三角煤矿，设计生产能力年产原煤30万吨；黑河市中兴饲料有限公司；三道湾子岩金矿，黄金储量4 300公斤，白银储量达900公斤，处理矿石能力每日450吨；黑河市三砖厂有限责任公司；黑河金力新型墙体材料有限责任公司；黑河龙源风力发电有限公司；黑河龙丹百岁乳业公司；黑河市爱辉桦林生物科技有限公司；黑龙江省鹿源春有限公司，2012年鹿源春公司在天津股权交易所挂牌上市；黑河盛辉林板开发有限公司；黑河市同兴煤矿，设计年生产原煤21万吨。

积极推进黑河工业园区（瑷珲对俄进出口加工基地）建设。黑河市瑷珲对俄进出口加工基地位于黑河市区西南部6公里处，规划面积7.8平方公里，总投资8亿元，分两期建设。一期工程规划面积4.19平方公里，投资4.2亿元，2008年6月开工建设，2009年首批企业入园。基础设施实现“五通一平”，达到了企业入驻条件。2013年被纳入国家级农业科技园区、省重点产业园区行列。截至2017年末，基地已有入园项目16个，建成项目11个。

改革开放以后，特别是党的十八大以来，爱辉区的工业企业进入高速发展时期，2017年安排重点项目66个，其中重点建设项目54个，年度投资40.8亿元。

第九章　交通运输业发展变化

第一节　新中国成立前后的交通情况

1945年日伪投降前，出于军事上的需要，破坏了县境内的一部分公路。1946年苏联红军撤离中国时，将黑北铁路拆除，将黑嫩公路的部分桥梁炸毁。由于黑河至嫩江、北安需要绕山路或走便路，往返一次少则四五天，多则半个月。黑河至呼玛，主要靠马车勉强通行。

新中国成立后的最初几年，黑河至北安基本不通汽车，黑河至嫩江250公里路程，汽车行驶约3天，马车行驶7天。1951年修复黑嫩公路，1960年修建北黑公路。截至1983年底，县内修复和新建了省级公路81公里、地级公路86公里、县级公路315公里、乡级公路206公里、专用公路320公里。全县所有乡镇、农牧场、林场、矿区和90%以上的村屯都通了公路，通车里程1 008公里。至1983年，县内修复和新建公路桥梁157座，总长3 002延长米，其中永久性桥梁62座1 651延长米。同时加强了公路的养护工作，成立了相应的机构，购置养护设备。爱辉县公路管理站的公路养护工作在全省、全地区一直处于领先地位，多次被评为省、地公路养护先进单位。

新中国成立后，由于爱辉县的铁路运输中断，公路运输和水上运输成为全县交通运输的主体。有货运公司、第二运输公司、运输社和黑河客运站4个专业运输企业。另外还有中、省、地、县直企业汽车队14个。到了1983年，全县拥有货车1 018台，年货运总量32万吨。有客车11台，完成客运量68.6万人，年利润22万元。

1945年8月，日伪投降以后，苏联红军将日伪遗留在黑河一带的轮船和部分私人帆船当作战利品掠走，黑龙江中上游水路运输一度中断。为了改变这一状况，瑷珲人民发挥自身的聪明才智，自力更生制造船舶，在不到两年的时间里，先后有“黑河号”“海兰号”两艘客货轮下水投入使用。新中国成立后，1954年黑河轮船公司合并到黑龙江航运管理局，1958年9月，其改名为黑河航运局。1959年客运量达70 138人，1970年货运量达到30 699吨，1983年完成货运量171 445吨，是1949年的30倍。1980年扩建黑河码头，工程历时10年完成。其中滚装码头40米，货场总面积8万平方米，仓库1 300平方米，滚装泊位1个、千吨级货运泊位7个、码头岸线722米，均为立壁式码头，陆地面积63 800平方米。后来因其他运输行业兴起，其运输时间短、运输成本低、效益高，相比之下水运时间长、成本高、效益低，使黑龙江水运逐渐停运。1988年，随着中苏两国关系改善，市委、市政府确定了黑河市至布拉戈维申斯克旅游项目，开通与俄罗斯布市客运和货运航线。货运航线是黑河与布市边境贸易的主要运输通道。1993年引进气垫船，并开通了流冰期和结冰初期客运及货运航线。

1962年修复了北安至龙镇的铁路。1986年北黑铁路复建项目启动，7月15日举行北黑铁路复建典礼，经过三年的艰苦建设，1989年全线接轨，当年12月14日临时营运。1990年9月1日，开通黑河至龙镇旅客列车，1992年5月15日，开通哈尔滨至黑河旅游特快列车。1997年10月22日，开通黑河至齐齐哈尔列车，2017年4月开通黑河至大连列车。北黑铁路南起北安，北至黑河，中间穿越五大连池市、孙吴县，全长304公里。在爱辉区境内有额雨、潮水、西岗子、锦河、黑河6个车站。

1984年，在黑河市郊17公里稗子沟南山重建黑河机场，1985年10月竣工。1987年改建，1999年扩建为4C机场，新跑道长2 500米，可满足MD82、波音737、图154等中型以上客机起降。2016年3月，黑河机场更名为黑河瑷珲机场。机场开通航线：哈尔滨—黑河—哈尔滨；北京—黑河—北京；上海—黑河—上海；黑河—漠河—黑河等十余条航线。

第二节　党的十八大后发展变化

党的十八大以来，爱辉区委、区政府坚持交通先行发展战略，紧紧围绕建设便捷、高效、安全、卫生、绿色五个交通发展总体目标，大力开展农村公路建设总体规划，全面打造人便其行、货便其流、安全绿色交通运输体系，全面构建“对内大通畅、对外大循环”的交通格局。为彻底改变农村交通落后的现状，爱辉区全面实施了村村通惠民工程，完成农村公路畅通工程449.2公里，全区100%的乡镇、村屯通水泥路或柏油路。建成农村客运站3个，加固改造危桥7座，新建桥梁16座。改造渡口10个，完成标准化渡船改造18艘。形成了国、省、县、乡镇、村屯路路相通的现代化立体交通网络，群众出行难问题彻底得到了解决。“公路通了，城乡近了，脑筋活了，门路广了，收入高了，日子好了”，这是爱辉区广大人民群众的切身感受。

到2017年末，爱辉区辖区内公路总里程1 992.36公里，其中高速一条G1 211黑河段总长107.3公里；国道2条G202黑河至大连、G331丹东至阿勒泰，黑河段总长281.88公里；省道2条，S211黑河至双城、S302黑河至加格达奇，黑河段总长213.01公里。县道7条：黑河至长发、黑河至飞机场、西岗子至宋集屯、黄旗营子至西岗子、孙吴至二站、瑷珲支线、西岗子支线，总长61.66公里；乡道71条，总长663.54公里；村道56条，总长464.43公里；专用道路70条，总长200.56公里。形成了扇形辐射道路网络，实现了邻县相通、区乡相通、乡乡相通、村村相通的公路交通格局。2006年至2017年国家投入62 573万元，用于爱辉区公路建设，建设里程1 315公路。

现如今，在爱辉区的城市、乡镇、村屯，一条条公路穿城入村，一座座桥梁跨越河流，一幅幅立体交通网络让人深切地感受到爱辉区经济建设的快速发展和城乡面貌的巨大变化，展现出了经济社会繁荣发展的美好图景。交通基础设施的改善，有效增强了区域竞争优势，为促进经济社会又好又快的发展打下了坚实基础。

第十章　“互联网+”的快速发展

“互联网+”是“互联网+各个传统行业”，是利用信息通信技术以及互联网平台，让互联网与传统行业进行深度融合，创造新的发展业态。加媒体产生网络媒体，加娱乐产生网络游戏，加零售产生电子商务。

2015年，爱辉区全面启动了“互联网+”工作，将“互联网+”行动上升为全区战略。

“互联网+”分为线上、线下。一是线上。2016年11月全面启动了“瑷珲e购”线上平台建设。平台建设立足区位特点，由服务区域发展逐步扩展到全国的原则，采取政府主导、企业运营、政企合办的经营方式，打造区域交互式生态产业链平台。2017年初，平台建设完成并试运营，6月24日pc端正式上线，8月1日手机端APP正式上线。“瑷珲e购”线上平台分为城乡交互、跨境电商、智慧养老、家政服务、二手交易和便民信息等六大板块，涵盖市民生活各个方面。“瑷珲e购”针对互联网+农业、+家政、+旅游、+养老、+便民信息等平台建设，努力打造黑河市第一个和最大的区域自建网络平台，2017年线上平台注册会员已达63 200人。二是线下。组建了“互联网+”产业园区，园区面积20 000平方米，铁路专用线172延长米。建成1 000平方米网货加工厂，为电商企业3年免费提供办公、仓储、加工、展示、后勤保障等配套服务。建立“互联网+”会展中心和物流中心。完成4 000平方米会展场地建设、3 600平方米服务中心、20 000平方米二手交易停放场和10 000平方米仓储物流库建设。全面推进“互联网+”服务中心建设，中心经营管理方式采取探索购买服务方式，中心负责开展中俄创业维权、创业培训、中俄市场信息咨询等工作。

第十一章 商务工作的发展变化

第一节 商业发展变化情况

中共在黑河建立民主政权后，为满足人民生活需要于1946年建立了国营商业。1956年，国家对工商业进行改造后才出现集体商业运营模式。到了20世纪70~80年代，国营商业垄断市场，形成了经营门类齐全的、网点布局合理的国营商业经营局面。当时有批发企业7户、运输企业1户、零售企业6户、商办工业企业3户，还有多家饮食服务业，实现了商品采购、储存、销售、生产、服务一体化，解决了2 000余人的就业问题，并为增加地方财政收入做出了贡献。

党的十一届三中全会以后，国民经济迅速好转，绝大部分凭票供应的商品摘掉了笼头。1983年市场商品比1979年增加1 000余种，城乡市场呈现一派繁荣景象。1983年，全县商品零售总额8 216.1万元，是1978年的1.9倍，是1965年的3.87倍。改革开放以后，国民经济形成三多一少的格局，国营商业独家经营变为全民经商。为适应新的形势，国营商业进行了一系列改革。1984年小企业实行开放经营，1988年实行承包经营责任制。1992年，随着改革开放不断深入，国营商业企业逐步退出市场。

国有资本退出流通市场后，个体私营经济独占鳌头，大型超市、专卖店、专营店、连锁店等新的经营方式与各类小型专业商店重拾了原来国有公司和商店的业务。随着国退民进，市区出现了民办华富商城、海华购物城、中龙、双福、中方国贸商城等大型购物场所。黑河宏安民用爆破器材有限责任公司、华富量贩有限责任公司、万达家电有限责任公司、凯歌家电有限公司、北丰农业科技服务有限公司五户企业，成长为规模以上零售企业。2006年以后，电子商务抢占市场一定份额。此外，区内还有黑河的大小早市、俄罗斯商品一条街等多处多种形式的商品交易市场。

第二节　粮食企业变化情况

新中国成立初期，瑷珲县与国内绝大部分地区一样，粮食实行自由买卖收购政策，从1955年开始实行了统购统销的政策，1965年结束了吃返销粮的历史。从1985年起粮食统购改为合同定购，2001年以后粮食市场全面放开，城镇居民供应粮取消，此前通用了30多年的全国粮票和地方粮票已经全部取消。

从1951年起先后建立起，县域内五个国有粮库，即黑河粮库、西岗子粮库、瑷珲粮库、罕达汽粮库和振兴粮库。先后建立五个粮油食品加工企业，即黑河制粉厂、制米厂、浸油厂、粮油食品厂和饲料公司。

改革后的粮食储备库有黑河市西岗子粮库和军粮供应站。西岗子粮库下设四个分库区，总仓容52.99万吨，爱辉区军粮供应站总仓容10.35万吨。

第三节 边境贸易工作情况

改革开放以来，黑河市委、市政府把开展对俄合作作为全市对外开放的核心战略，举全区之力全面推进。1987年“以一船西瓜换一船化肥”，在中苏边境率先打开了中断20年的边贸大门。1988年，在全国边境地区率先开通了“中苏一日游”、第一个开展了中俄边境城市国际金融结算业务、第一个开通了中俄国际微波通信。1991年，在中方大黑河岛建立了中苏边境上第一个边民互市贸易市场，中苏双方正式订立“双方设市、各自管理、对等过人、对等接待”的互市贸易原则。明水期搭乘客船和春秋流冰期搭乘气垫船，冬季冰上乘车，中国商民以服装、旅游鞋等轻工产品换回苏（俄）产蓝狐、银狐、玄狐、紫貂、羊羔领大衣及玩具、餐具、手表、望远镜等商品。

1992年，黑河被批准为全国首批对外开放边境城市。1997年，省政府正式批准辟建“黑河市中俄边民互市贸易区”。俄公民持有效证件可免办签证在互市贸易区投资办企业，开展商贸和劳务活动，并享受我国的优惠政策。1992年，出口商品已有纺织、服装 、轻工、粮油、建材等14类900多个品种。2000年至2005年，爱辉区贸易出口总额2 467.3万美元。边境贸易的兴盛促进了地方经济的全面发展，加快了地方工业产业结构和产品结构的调整。2000年至2005年，全区进口贸易总额达3 785万美元，占进出口贸易总额的64.54%，进口商品源源不断地销往全国各地，缓解了国内一些企业原料紧张的问题。2008年3月28日，中国银行黑河分行同俄罗斯远东外贸银行、俄罗斯进出口银行分行签订了本币结算协议。从此，中国银行黑河分行开始办理中俄本币结算业务。

截至2017年，全区有业绩的外贸公司共18家，其中贸易额超过千万元以上的企业1家，百万元以上的企业9家。

第十二章　环保工作的发展变化

爱辉区环保部门管辖范围为爱辉区境域内城乡各处。

监测环境污染类型分为大气污染、水污染、噪音污染。为了保护好爱辉区的绿水青山，区委、区政府不断加大污染治理的工作力度。一是加强对广大群众的宣传教育工作。利用一切宣传工具，调动新闻媒体和社会舆论力量进行多层次全覆盖的环保知识、环保法律法规和方针政策的宣传，想方设法提高广大群众的环保意识和法制观念，自觉保护我们的生存环境。二是划清环保责任范围。严格执行谁污染谁治理的原则，按照法律该罚的罚、该关闭的关闭，严把环境保护准入门槛。三是加强环境执法人员队伍建设，坚持业务培训与法律培训相结合，提高环保职能部门和环保执法人员的环保意识、法制意识，提高工作人员政治和业务素质，使他们做到敢于执法、善于执法、不徇私情。执法人员全部通过资格认证培训考试，实现了持证上岗，深入推进污染治理工作。

一、废气治理

近年来开展了煤矿和非煤矿山综合整治、大气污染防治专项行动、清理违规项目以及粮食烘干企业专项治理等环境保护执法检查工作。20世纪90年代以后，城区冬季取暖实现了集中供热，居民家里小炉灶被液化气炉或其他电器取代，对于生产、供热、商业保洁企业小型锅炉，全部强制淘汰。同时，政府出台政策，减免费用，接入集中管网，或者使用清洁能源，对机动车要求安装净化装置。通过明察与暗察、日常巡查与突击检查、昼查与夜查、工作日查与节假日查的方式，利用“12 369”环保投诉热线，受理群众环境投诉，立案查处多起违法行为。2016年，对全区应该安装油烟净化装置的361家餐饮企业中，40%的企业进行油烟净化器安装，35%的企业高空排放，完成燃用高污染燃料锅炉淘汰和改造48台。通过治理，爱辉区空气质量优良以上天气率达到97.2%。

二、废水治理

2000年以后，全面实行金矿禁采，采金废水对地表水污染得到制止。工业企业废水排放分别通过迁厂出市区、增加环保设备、污水沉淀、节约用水、减少排放等诸多办法进行了治理。2013年，对瑷珲镇、西岗子镇、罕达汽镇、张地营子乡、上马厂乡、西峰山乡、坤河乡七个集中式饮用水源地进行技术划分。先后对瑷珲镇、张地营子乡、上马厂乡、坤河乡四个水源地实施了保护项目。七个集中式生活饮用水水源地水质达标率为100%，全区国省控水体断面持续保持III类水体以上。

三、噪音治理

采取集中行动，对噪音较大的工厂锅炉引风机进行改造，对歌厅进行行政检查，对全区工业、建筑、营业性文化娱乐场所和其他产生噪音源的场所进行清查清理。对建筑工地限制作业时间，功能区噪声昼间达标率达到100%，夜间达标率达到90%以上。

第十三章　城乡建设的发展变化

第一节　新中国成立后的发展变化

新中国成立后，县域城镇居民及公用房屋开始有计划地建设，初期只是恢复性建设。1958年至1962年兴建了电机厂、木工社、黑河宾馆、黑河工人文化宫、黑河地区医院和林管局。1978年后，兴建了啤酒厂、针织厂、人民银行、邮电大楼等，一些职工住宅楼相继落成。到1983年末，黑河房屋总面积73.7万平方米，其中住宅面积39.7万平方米。市内形成道路25条，总长43.5公里，其中土路21公里、砂石路15公里、碎石路2.3公里、油渣路2.2公里、柏油路3公里。给水、排水、园林绿化也有很大的发展。集中供热工程1981年6月25日动工，1982年2月21日第一期结束，实现为市区44个供热点、67个单位供热。10月1日正式供热，接通92个供热点、130个单位，供热面积达到15万平方米。

新中国成立后，特别是改革开放以后，乡村房屋建设面貌有很大变化。各乡镇、村屯普遍建立了卫生院（所）、学校、供销社、社队办公室等公共建筑。后来又兴建了机库、修理厂（部）、托儿所和俱乐部。到1983年末，全县农村公共用房约有40万平方米。到1986年全县农村各种建筑面积达100万平方米，其中住宅45万平方米。道路、给水建设同步取得较大发展。

第二节　城乡建设快速发展

党的十八大以来，按照区委、区政府的统一部署，爱辉区脱贫攻坚、农村危房改造有序推进。全面整合社会资源，有计划、有步骤地实施农村建档立卡贫困户危房改造工作，推出了新建、购置、修缮加固、租赁等多种改造形式供贫困户选择。其中：新建和购置房补贴38 000元、修缮加固补贴14 000元、租赁补贴14 000元分多年补发。

完善了西四嘉子、卡伦山、头道沟、黄旗营子等七个村屯基础设施建设，实施了道路升级、立面改造、边沟硬化、绿化亮化、安装特色栅栏、仓房改造等项目。目前，城里高楼林立见不到平房，乡村青堂瓦舍见不到土房，有的人家还盖起了楼房，新生乡政府还为鄂伦春族群众建起了别墅式住房，锦河农场一排排别墅拔地而起。水泥公路穿城入村四通八达，《爱辉区区域乡村建设规划和美丽乡村建设规划》正在实施，社会主义新农村的美好前景正逐步展现在农民群众眼前。

第十四章　教育事业的发展变化

新中国成立初期，瑷珲县城乡普遍设立初级和完全小学。县政府所在地设完全小学，其他村屯设初级小学。到1952年末，县内有小学74所，其中城内4所、农村70所。在校学生共计5 735人，教师263人。据1983年统计，市内有小学154所，在校学生18 701人，教职工869人，入学率99%。

1949年，黑河城内有一所黑河兆麟联立中学，1951年增设高中班，成为完全中学，1956年改为黑河地区黑河中学。从新中国成立到1957年，黑河中学是县内也是黑河地区唯一的一所完全中学。到了1976年，全县有中学42所，其中戴帽中学27所、公社中学11所、县办中学4所。至1983年末，县内有中学36所，其中完全中学6所，初级中学30所。从1954年至1983年全县升入大、中专学校的学生共2 270人。其中1977年恢复高考后，升入大、中专学校的共1 760人，其中本科395人、专科235人、中专1 130人。在党的培养教育下，县内鄂伦春民族有大学本科生4人，中专毕业生13人，高中毕业生24人，1983年在大学上学的4人，在中专上学的5人。境内还有师范学校一所。

1953年，城内建起一所黑河专署幼儿园。改革开放后允许社会力量办幼儿园，至2017年，幼儿园数量达到51所，其中国家办17所、社会力量办34所，学龄前儿童入园数量5 398人，入园率

88.9%。

按照全省社会经济对农村教育改革和发展的要求，爱辉区进一步科学规划布局农村中小学，扩大办学规模，优化教师队伍，合理配置教育资源，全面提高农村学校整体规模及教学质量，促进了全区农村教育事业健康发展。爱辉区中小学布局调整从2001年开始至2005年结束。

2017年，全区有22所学校：1所完全中学、4所初级中学、6所市内小学、3所农村小学、3所九年一贯制学校、5个教学点。课程改革后，全区中小学使用全国统编教材，按照国家规定授课，学生德、智、体全面发展。在思想品德教育上，各学校设立了德育副校长，普遍开展“五爱”教育和社会主义核心价值观教育以及“学雷锋、树新风”和做“四有新人”教育，同时走出去到军营、工厂、农村接受革命传统和社会实践教育，增强学生们树立“五爱”的决心和求知的渴望。在加强德、智教育的同时，不忘对学生进行体育、卫生、艺术全面发展的教育，让他们成为有社会主义觉悟、有文化的劳动者。

2014年，在全区率先试行学区制改革。以“名校+老校”、“名校+农校”的办学模式，将第六小学和第四小学、实验小学和幸福中心学校组建为两个学区，产生1+1>2的效果。2015年，升级优化改革成果，“学区制”迈进“集团化”，采取紧密型、协作型、复合型模式，组建实验小学、第五小学、第六小学三个教育集团。

实验小学教育集团：由实验小学（集团总校）、第三小学、幸福中心学校组成，成员校之间为协作型关系。第五小学教育集团：由第五小学（集团总校）、西岗子中心校、上马厂中心校组成，成员校之间为协作型关系。第六小学教育集团：由第六小学（集团总校）、第四小学、四嘉子中心校组成，第六小学与第四小学之间为紧密型关系，第六小学与四嘉子中心学校之间为协作型关系。

2015年5月，区政府与黑河学院正式签订合作协议，第五小学、第五中学挂牌黑河学院附属小学、附属中学，2016年11月，黑河市幼儿园挂牌黑河学院附属幼儿园。

高考成绩普本录取率由2000年时2.5%到2005年达到58.4%。到2017年，重本录取率2.76%，普本44.7%，加上专科，总录取率为96.77%。

教师学历达标率中小学均为100%。2017年共有教师1 527人，其中小学教师816人、初中教师409人、高中教师143人。有正高级教师1人、高级教师490人、中级教师728人、初级教师297人。教师待遇逐年提高，到2017年，教职工平均年工资79 843元，高于当地公务员平均工资水平。

2017年，爱辉区接受了义务教育均衡发展市、省、国家三级督导评估认定，并以93分的好成绩在全省71个迎检市、县（区）中位居第20名，得到国家、省、市领导的好评。第五中学高考二本以上升学率44.7%，艺体考生升学率90%。还有两名学生因排球运动水平优异，获得“国家二级运动员”资格，被哈师大提前录取。职业学校被评为省级优秀“成人继续教育培训机构”。市幼儿园发挥引领示范作用，被评为黑河市唯一一所“黑龙江省亲子阅读体验基地”。实验小学获得全省雪地足球联赛亚军，五中获得男队全省中学生排球锦标赛第五名，第六小学被评为国家级“国防教育特色学校”，五中在2017年全省青少年禁毒知识竞赛中获得唯一一个一等奖，并代表黑龙江省参加国家级比赛。

教育经费投入方面，新中国成立初期只能保教师工资、取暖费、助学金，其他所剩无几。2008年，全部免除义务教育阶段学生学杂费，2017年免费提供教科书。自1993年以后，新建了一些教学楼、宿舍楼，对部分校园操场实施了升级改造。24年里，教育硬件投入21 668万元，明显地改变了全区学校的面貌。

从20世纪80年代开始，中苏两国关系实现正常化，两国政府和人民开启了友好往来。从1989年起，中苏两国教育交流正式拉开序幕。

1989年“六一”国际儿童节，黑河市与布拉戈维申斯克市共同举办了首届中苏儿童互访活动，双方各派出160名少年儿童互访。1990年6月，黑河市第五届田径运动会，邀请了阿穆尔州少年代表队参加。

从1991年开始，开展了“中俄教育工作者互访交流”“中俄传统文化走进对方国家”“中俄青少年交流互访”等活动。2015年，与俄布市教育局结成友好教育局，六所学校与布市六所学校结为友好学校，对外教育交流工作迈出历史性一步。

第十五章 文化体育的发展变化

1945年，黑河评剧团改名为黑河评剧院。为纪念黑河军分区司令员王肃同志牺牲一周年，于1947年6月将海兰电影院改名为“王肃剧场”，1951年改为王肃电影院，变为国营体制。1961年10月，建造了工人文化宫。西岗子公社、西岗子煤矿分别于1976年、1979年各建一所电影院。为了满足人民群众文化生活需要，先后建立了图书馆、文化馆、文化站、书店等单位。1960年黑河地区组建了“黑河地区文艺工作团”。

爱辉县文化馆始建于1952年，现馆址位于环城北路2号，担负着全区文化专业指导工作任务，同时组织开展辅导城乡文艺爱好者、承办爱辉春晚、参与各种文艺演出等活动。自2009年起，区文化馆场馆、教室免费对外开放，在免费开放时间内，无须任何证件可参与文化馆提供的基本公共文化服务项目。有舞蹈、器乐、声乐、美术、摄影、主持与朗诵多种培训课程，还为多家文艺团体提供专业教师及排练场地、乐器、服装、灯光音响。

20世纪90年代，群众自发的文化活动逐步开展起来，居民群众在休闲广场经常组织开展大秧歌、健身舞、交谊舞、歌咏大家唱等丰富多彩的文体活动。夏季在黑龙江公园的世纪广场有组织地开展“周末大舞台”文艺演出。

广场健身舞。健身舞是将现代舞和韵律操等形式结合为一体的健身活动，各社区都组织了自己的健身舞队。

文化大院。20世纪80年代，黑河市农村文化生活单一，从90年代初开始，农村兴起了一种独特的群众文化形式——农村文化大院。1998年四嘉子乡卡伦山村文化大院成立之后，文化阵地入农户的经验在全区推广。张地营子乡张地营子村文化大院曾受到中宣部的表彰，是农村文化大院的典型代表。2017年，爱辉区已建设村级农村文化大院66个。

城区图书馆建于1956年，2004年迁入王肃街7号，面积4 000平方米，藏书13万册，设有阅览座席200个。馆内有成人数字一体机1台，中文在线阅读机1台，超星少儿数字阅读一体机1台；宽带接入15Mbps，选用Interlib第三代图书馆自动化管理系统，内设8个服务窗口，年接待读者4万人次，外借图书2万余册。

1952年成立县广播站，1958年广播节目送到四嘉子公社和罕达汽公社。2017年，全区通过九一三电台收听广播节目，广播覆盖率100%。1979年，在稗子沟建立黑河电视转播台，1989年建立潮水微波站。1995年建立有线电视转播台。2005年，乡镇有线电视网加入市级网建设，2017年实现有线电视全覆盖。爱辉广播电视台成立于2005年8月，到目前为止创办了10余个节目，早6点30分开机至晚24时结束。开通了政府门户网站、官方微信、微博、“爱辉新闻”手机客户端。

爱辉区春节晚会由区委、区政府主办，区文体局承办。党的十八大以后，春晚的主题为“爱我爱辉”、“百姓迎春”、“吉祥七彩梦”等，呈现出欢乐祥和的节日文化氛围。另外，还举办一些具有民族特色的文艺活动，例如：鄂伦春族的“古伦木沓节”、“鄂伦春人民心向党”、达斡尔族的“库木勒节”等，展现了各民族的传统习俗和特色文化。

爱辉区多民族聚居，这些少数民族创造了具有地方特色、民族特色和时代特色的非物质文化遗产，体现了文化多样性，保护和传承这些弥足珍贵的非物质文化遗产迫在眉睫。

自2006年全面启动非物质文化遗产保护工程以来，遵循“保护为主、抢救第一、合理利用、传承发展”的工作方针，爱辉区成功申报国家级非物质文化遗产保护项目2个、省级保护项目5个，市级保护项目5个。现有国家级传承人2人、省级传承人7人，市级传承人18人。其中：鄂伦春族古伦木沓节和鄂伦春族狍皮制作技艺列入国家级非物质文化遗产保护项目名录，孟兰杰、葛长云为国家级非物质文化遗产传承人。

恢复行政区用字取得积极成果，2015年3月瑷珲镇恢复行政区用字，2016年黑河机场更名为黑河瑷珲机场。

“十二五”期间，爱辉区新建、改建、修建了八处小型博物馆。具体有瑷珲海关历史陈列馆、岭上人博物馆（新生乡）、二站历史文化馆、上马厂乡史馆、百年金镇博物馆（罕达汽镇）、瑷珲记忆馆、瑷珲外三道沟村史馆和实验小学校史馆。

1952年，城内在消防队院内设篮球场，兼做排球场。1983年，境内有各种体育场、馆227所，其中：体育馆1座、棋类房1间、篮球场所180个、排球场27个、足球场16个。较大的体育设施有：游泳区、冰场、工人体育场、黑河体育馆等。从1949年起，截止到2017年，爱辉区共举办了35届田径运动会（瑷珲县5届、爱辉县15届、黑河市6届、爱辉区9届）。通过运动会选拔优秀青少年到爱辉区青少年业余体校进行业余训练，为国家输送了多名优秀运动员。

1952年，瑷珲县第四届运动会，洪祥泽以11秒6的成绩刷新100米纪录，仲延信分别以73.24米和2.41米创造手榴弹及撑杆跳纪录。上述优秀运动员参加了黑龙江省队，赴沈阳参加东北三大区田径运动会。1957年至1983年，爱辉县先后为国家输送各项专职运动员48名，其中蒋淑兰、徐志江、周明、刘桂华、于同柱、张青六名速滑运动员达到了国家运动健将级标准。近年来，组织开展国际羽毛球邀请赛、中小学乒乓球赛等“区长杯”系列活动23次，举办第九届田径运动会和第二届少数民族运动会，共有37人次打破17项区田径赛纪录。

2016年元旦，爱辉区“区长杯”体育比赛启动仪式暨元旦迎新年“步步高”徒步活动，拉开了“区长杯”系列体育比赛活动的序幕。截至2017年末，共开展各类体育赛事活动200余场。组织穿越大小兴安岭、中俄综合格斗、国际马拉松等赛事活动。通过“区长杯”体育活动，带动群众参与锻炼人数达10万多人。

第十六章　旅游事业的发展变化

爱辉区旅游资源丰富，与俄罗斯一江之隔，有184.5公里的边境线，自然景观清丽秀美，人文景观历史久远又具现代元素。区内拥有一江两岸异国风光，少数民族习俗、江河湖泊、原始森林等独特景点景观，吸引着国内外游客和专家学者来爱辉区观光旅游考察。爱辉区全年有150天左右被冰雪覆盖，构成了独特的北国风光，为冰雪旅游提供了广阔的空间。瑷珲古城已有300余年的历史，中俄《瑷珲条约》就在此签订。新生乡是鄂伦春族人的主要聚居地，他们古朴的风俗，具有鲜明的民族特色。四嘉子满族乡是满族人聚居地，生活习俗、生产方式都具有独特的情调。1654年，达斡尔族大规模南迁，坤河乡富拉尔基村是主要过江地，部分达斡尔族人在此繁衍生息。

全区新建、改（扩）建主要景点有：　瑷珲古城历史文化旅游区。瑷珲古城是黑龙江沿岸的历史名城，是国家大遗址保护单位，全国百家爱国主义教育基地之一。全国十大精品馆之一的瑷珲历史陈列馆，是国家AAAA级旅游景区。这里还有国家AAA级旅游区、青少年教育基地知青博物馆，展览馆面积6 400平方米。瑷珲国家森林公园、瑷珲海关旧址、瑷珲卫国英雄园，都是游览或接受教育的好去处。另外，还有新生鄂伦春族民俗旅游区、卧牛湖休闲度假区、锦河关东文化旅游区、胜山森林科普探秘休闲区，等等。2017年，全区实现旅游收入7.51亿元，同比增长18.1%，累计接待旅游人数193.7万人次，同比增长18.2%。

第十七章　卫生计生的发展变化

1949年，瑷珲县有两所公办医院：城内的和平医院、罕达汽金矿职工医院，有个体经营中西医诊所34所。到1983年，公办医疗单位89所，其中，城镇38所、农村51所，还有一些生产大队卫生所。1949年时，婴儿死亡率40%以上，人均寿命45岁。

2017年末，全区有各级、各类医疗卫生机构162家，其中综合医院1家、妇幼保健计划生育指导中心1家、精神病防治机构1家、疾病控制中心1家、结核防治所1家、乡镇卫生院11家等。有编制床位468张，其中市二院300张、区妇幼保健院50张、乡镇卫生院68张。有各级各类技术人员881人，其中正高职称48人、副高职称139人、中级职称312人、初级职称382人。全区人均寿命77.51岁，是1949年人均寿命的1.5倍。其中男性75.16岁、女性80.11岁。

黑河市第二人民医院是由1951年建立的国有中医门诊部演变而来，1958年改名为爱辉县人民医院。1977年建病房，有床位150张，逐步添置较先进的诊疗设备。1993年改名为黑河市第二人民医院，是一家集医疗、预防、保健、教学、科研于一体的二级甲等综合医院。该院占地面积3万余平方米、建筑面积3.3万平方米、医疗设备5 000多万元、编制床位300张、临床科室24个、医技科室13个、行勤科室15个。另外，区域内还有黑河市精神防治院、11个乡镇卫生院、村卫生所（室）74家，以及多家社区卫生服务中心。

市第二医院有心内科、神经内科、妇产科、检验科四个市级重点专科。开设黑河市首家心导管室，开展冠脉造影、心脏支架、心脏起博器植入、脑血管造影、脑动脉瘤栓塞等介入手术，年平均手术量200余例。黑河首个国家卒中中心落户该院。与俄罗斯阿穆尔州州立医院合作成立中俄眼科中心，由俄眼科专家出诊手术。还有一些其他先进技术和先进设备，部分乡镇卫生院配备了心电机、B超机、洗胃机、制氧机、血细胞半自动化分析仪、尿分析仪、X光机、手术床等设备。

花园街社区卫生服务中心成立于2011年4月，建筑面积1 838平方米，服务花园街辖区居民。海兰街社区卫生服务中心成立于2011年4月，建筑面积670平方米，服务海兰街辖区居民。到2017年末，全区11个乡镇卫生院全部完成新建和改扩建，总面积近9 000平方米，已经建成了区乡村医疗预防保健网。全区建有村卫生所（室）74家，有乡村医生105人，具有乡村执业助理医师资格的5人，承担着全区5万多农民的基本医疗、公共卫生服务、传染病防控等任务。

惠民医疗政策有：先诊疗后结算制度，免费体检制度，孕妇免费增补叶酸、实施基本药物制度，开展公共卫生免疫项目，开展孕产妇艾滋病、梅毒和乙肝母婴传播阻断免费检测，开展家庭医生签约服务工作，对农村贫困人员个性化治疗建档立卡等。

在传染病防治方面，新中国成立初期即已经开展，1951年基本消灭了天花。发生于2003年的SARS流行病毒，由于预防措施得力，非典没有侵入爱辉区境内。对0~7岁的儿童进行强制性计划免疫工程，覆盖率达到100%。对克山病、大骨节病、地方甲状腺病进行了有效的防治。1950年以后，瑷珲县开始在农村开展妇幼保健工作，改造旧接产婆，推广新法接生。1957年设爱辉县妇幼保健站，1993年4月更名为爱辉区妇幼保健院。该院建筑面积3 626平方米、床位50张，内设预防保健、妇产科、计划生育科、妇女保健等20个科室。院内技术比较先进、医疗设备比较齐全，是一所集保健、医疗、科研、教学为一体的二级甲等专科医院。

按照国家政策要求，从20世纪70年代末期开始计划生育工作，从政策宣传教育入手，大力提倡一对夫妇生一个孩子，并进行了一系列的避孕和节育措施及节育技术服务。到2015年，全面实施一对夫妻可生两个孩子政策。奖扶政策包括：对农村夫妇按计划生育政策生育，夫妻年满60周岁没有男孩，政府每人每年发放奖扶金960元。特扶政策：城市和农村独生子女死亡或伤病残后未再生育又没有收养子女家庭的夫妻，给予特扶助金每年5 400元，独生子女死亡的每人每年4 200元。对领取《独生子女父母光荣证》的夫妻每月发给10元奖励费，至子女18周岁止。

为了配合落实黑河市创建国家卫生城的工作部署，爱辉区举全区之力，于2014年9月顺利完成国家卫生城技术评估组检查验收并命名。2017年8月，通过了国家爱卫会对黑河国家卫生城复审。

第十八章　民生事业的发展变化

近年来，爱辉区委、区政府想方设法拓宽就业渠道，对暂不能安排就业又合乎有关政策的居民发放城镇灵活就业社保补贴。设立公益岗位，一年一聘。2017年有高校毕业生、零就业家庭等981人从事公益岗位工作。2017年10月1日，公益岗位补贴标准调整到每月1 270元。对符合条件的创业人员提供自主创业小额担保贷款，最高可贷款10万元。对随军家属没有工作的，按文件规定每人每月补贴700元。2017年成立了爱辉区就业创业孵化基地，已有18家入驻企业。就业创业孵化基地是政府与企业共同合作建立的新型创业就业载体，是向广大创业者提供的全方位创业平台，为入驻的创业者免费提供创业指导服务和政策扶持，发挥更好的社会效益。

社会保障实施了“五险一金”。五险包括：养老、医疗、失业、工伤、生育保险；一金指的是住房公积金。其中养老、医疗、失业保险由企业和个人共同缴纳保费；工伤和生育保险完全由企业承担。

2017年末，爱辉区有城市低保户3 737户、5 507人，农村1 163户、2 045人。城市每人每月发放最低生活保障金540元，农村每人每年3 780元。对于低保对象在门诊治疗符合社保规定的慢性病种中产生的合规治疗费用，按每年2 000~4 000元标准给予救助。城市低保家庭每个采暖期给予1 110元供热补贴、农村低保家庭给予200元补贴。从2007年起实行廉租房政策，2017年符合规定的家庭每年补贴3 375元。

2007年，建立爱辉区中心敬老院。该院坐落在四嘉子乡西四嘉子村，占地面积3万平方米，建筑面积4 779平方米，有140人在此享受国家集中供养。爱辉区委、区政府为使在敬老院的老人生活更舒适，全面改造了供热系统，粘贴外墙保温板、安装消防设备、改铺防滑地面砖、改造卫生间、扩建蔬菜大棚、升级监控系统，一系列暖心工程的完成，使老人们在院内生活更加安全舒适幸福。

自2008年国家实行对农村泥草房改造以来，全区共改造9 611户，补助资金7 491万元。罕达汽镇的九道沟村、二站乡的额雨村、三站村等九个村实现整体改造。

兜底民生坚实有力。城乡低保逐年提高，农村建档立卡低保保障达1 325人，发放低保金350余万元。对需长期在门诊治疗的贫困对象年人均救助4 000元，全额资助1 375名建档立卡贫困户缴纳新农合23.85万元。完成446名城乡无劳动力、无生活来源的特困人员220余万元特困资金的发放工作。强化政府托底保障职责，做到应救尽救、应养尽养。扩大临时救助社会效应，按困难类型、程度、种类实行分类救助242人，发放救助金96.8万元。实施突发性、紧迫性临时救助15人，发放救助金3.6万元，给建档立卡贫困户2名贫困学生发放一次性救助金1万元。及时足额发放优抚对象抚恤金439人、266.38万元。为128名符合门诊医疗补助优抚对象发放资金14.79万元。

2017年，爱辉区以习近平总书记对黑龙江两次重要讲话精神为指引，认真落实市委“五大目标、十大新体系”决策部署，一以贯之求发展，坚持不懈谋振兴，经济实现平衡健康发展，社会保持和谐稳定。实现地区生产总值23.7亿元，增长6.9%；一般公共预算收入1.86亿元，增长7%；固定资产投资40.7亿元，增长3.1%；城镇和农村常住居民人均可支配收入为26 138元、13 971元，分别增长6.8%、8.4%。农村人均收入是1949年新中国成立时人均收入81元的172.5倍，是改革开放前1978年人均收入220元的63.5倍。

第十九章　各行业涌现出来的先进典型

新中国建立以来，特别是党的十八大以来，老区人民在以习近平为核心的党中央领导下，发扬自力更生、艰苦奋斗的光荣传统，在脱贫攻坚、改变贫困落后面貌，以及劳动竞赛、创先争优实践工作中涌现出了大量的先进典型。他们是全国劳动模范：吴淑珍（女）、张庆波、郑玉和、张学友、郑玲丽（女）、李沛军；全国“三八红旗手”王艳芳（女）；全国“五一劳动奖章”获得者：武振伟、李洪顺（2005年另获全国先进工作者）、冯艳玲（女）。省劳模获得者：姚连富、杨柏林、王昌泰、胡玉坤、姜富珍、陶玉先、叶福利、姚永学、徐长全、魏义公、李庆柱等59人。

爱辉区第一批优秀中青年拔尖人才：李洪顺、韩福义、张德忠、王文超、孙斌、姜义兰（女）；第二批拔尖人才：王云发、王占民、王丽贤（女）、王树森、白长祥、丛树臣、乔润喜、刘丽敏（女）、张丛凤、张仪、李晓强、周良生、周珩、孟兰杰、高志波、葛长云。

自1990年起，按照《黑龙江省文明单位建设暂行规定》的要求，涌现出一批文明单位。爱辉区文明村、文明单位如下：国家级文明村2个，张地营子乡张地营子村、四嘉子乡小三家子村；

省级文明标兵村1个，瑷珲镇外三道沟村；省级文明村4个，瑷珲镇二道泉村、瑷珲镇外四道沟村、坤河乡富拉尔基村、坤河乡黄旗营子村；省级文明乡镇2个，瑷珲镇、张地营子乡；省级文明标兵单位4个，爱辉区财政局、爱辉区检察院、爱辉区法院、爱辉区国家税务局；省级文明单位6个，爱辉区纪律检查委员会、黑河实验小学、爱辉区发展和改革局、爱辉区宋集屯水库、张地营子乡人民政府、黑河市第二人民医院。

后 记

为了贯彻落实习近平总书记关于“发扬红色资源优势，深入进行党史、军史、老区革命史优良传统教育，把红色基因代代传下去”和中办发〔2 015〕64号文件中提出的“积极支持老区精神挖掘、整理工作，扶持创作一批反映老区优良传统、展示老区精神风貌的优秀文艺作品和文化产品”要求，按照中老促字〔2017〕15号文件《关于编纂全国1 599个革命老区县发展史的安排意见》的精神，经区委、区政府研究确定编纂此书，具体工作由爱辉区老区建设促进会落实。

一、本书叙史时间从1931年起至2017年止。

二、本书记述了瑷珲县区域概况；革命老区人民的历史贡献和历史地位及作用；重大历史事件与著名英模英烈事迹；著名革命历史遗迹、文物、纪念场馆；新中国成立以来，特别是党的十八大以来老区各项事业发生的巨大变化及先进典型。

三、本书有5编33章77节十余万字。采用公元纪年，所称黑河，多数专指市区特定区域。

四、在历史沿革上，瑷珲县从中华民国时期开始，经过伪满洲国，直到新中国成立后的1956年12月10日以前一直称为瑷珲县，从12月11日开始改称为爱辉县；1980年11月15日爱辉县划分为爱辉县和黑河市（县级）；1983年6月撤销爱辉县并入黑河市；1993年4月1日撤消原黑河市（县级）建立爱辉区（县级），撤销黑河地区行署建立黑河市（地级）。本书名称按其改称时间自然变动。

五、本书除第二编按要求稍作论述外，其余部分只作叙述，不作评论。

六、本书编纂工作由爱辉区委、区政府主管，区老促会统筹实施，区委最后审定。

七、纂写本书借鉴的资料：《爱辉县志》、《走进爱辉》、《中共黑河市爱辉区历史》、《追寻王肃足迹》、《爱辉文史资料》（第一、二辑）、《黑河文史资料》（第三、四、六、七辑）、《东北抗日联军史》（上、下册）、《黑河军分区初期剿匪斗争》、《试论中苏共同抗战的历史作用》、《中共黑河市重要历史人物通览》、《瑷珲重要历史文物名录》、《黑河地区志》，《黑河记忆》正在编写的《爱辉区志》等和区直部分部、委、办、局提供的资料。此外，还得到了李晓东、吕桂艳、周绍军、王成武以及李纯珊等同志的指导和帮助。在此对在本书编纂过程中给予大力支持的单位、领导和同志们表示衷心的感谢！